Ferdinand Troska

Die Publizistik zur sächsischen Frage auf dem Wiener Kongress

Ferdinand Troska

Die Publizistik zur sächsischen Frage auf dem Wiener Kongress

ISBN/EAN: 9783744605236

Hergestellt in Europa, USA, Kanada, Australien, Japan

Cover: Foto ©Thomas Meinert / pixelio.de

Weitere Bücher finden Sie auf **www.hansebooks.com**

DIE PUBLIZISTIK

ZUR

SÄCHSISCHEN FRAGE

AUF DEM WIENER KONGRESS.

VON

FERDINAND TROSKA

DR. PHIL.

HALLE.

MAX NIEMEYER.

1891.

Übersicht.

Alphabetisches Verzeichnis der besprochenen Flugschriften.

Der Streit über das Schicksal des Königreichs Sachsen, welcher auf dem Wiener Kongress den Diplomaten so viele Schwierigkeiten bereitete, hat auch die öffentliche Meinung in ganz Deutschland im höchsten Masse aufgeregt und eine sehr reichhaltige Flugschriftenlitteratur an den Tag gerufen, welche in vielen Beziehungen recht interessant ist. Es findet sich schon in den 1816·17 erschienenen „Akten des Wiener Kongresses" von Klüber im siebenten Bande ein (übrigens durchaus nicht vollständiges) Verzeichnis der Broschüren für (S. 266) und gegen (S. 235) die Vereinigung Sachsens mit Preussen, und eine allgemeine Besprechung derselben in der „Uebersicht der diplomatischen Verhandlungen des Wiener Kongresses" desselben Verfassers (Bd. 1, S. 29 fgg.) Von den Späteren beschäftigen sich, abgesehen von vereinzelten Erwähnungen in den Memoirenwerken von Arndt, Varnhagen, Gagern, Zezschwitz, Montgelas, Flassan u. s. w., mit dieser Publizistik Pölitz in seiner „Geschichte der Regierung Friedrich Augusts, Königs von Sachsen, 1830" an mehreren Stellen, Hagen in seinem Aufsatz über die öffentliche Meinung in Deutschland nach den Befreiungskriegen (Raumers hist. Taschenbuch 1846/47), dann aber vor allen Pertz in seinem „Leben des Ministers vom Stein" 4. Bd., Häusser in der „Deutschen Geschichte" 4. Bd. und neuestens Treitschke im ersten Bande seiner „Deutschen Geschichte im 19. Jahrhundert". Die betreffenden Angaben sind jedoch naturgemäss sehr knapp und bedürfen auch im einzelnen mehrfacher Berichtigung.

Zunächst einige Bemerkungen über die äussere Erscheinung dieser Broschüren[1]). Sie entbehren zum weitaus grösstem Teile

---

[1]) Ich erhielt die Exemplare aus der v. Ponickauschen Bibliothek in Halle und aus der Königlichen Bibliothek zu Dresden, wofür ich den betreffenden Verwaltungen an dieser Stelle meinen Dank abstatte.

der Angabe des Verlegers und des Druckortes oder haben statt dessen Bemerkungen wie „Germanien 1815" oder Anspielungen, wie eine sächsisch gesinnte Schrift: „Friedland. Bei Friedrich August Treu". Noch seltener wird der Name des Autors angegeben; unter den wichtigern Streitschriften ist es nur die von B. G. Niebuhr, welche diese Angabe trägt. Doch ist es meist, zumal bei den bedeutenderen Broschüren, leicht, den Verfasser zu ermitteln, da sich zahlreiche Angaben darüber in handschriftlichen Bemerkungen auf den Exemplaren, wie in andern gleichzeitigen Schriften und in späteren Publikationen finden, deren Zuverlässigkeit freilich in jedem einzelnen Falle zu prüfen war. Für die sächsischen Autoren aus der Umgebung des Königs bietet Pölitz als Leipziger Professor und persönlicher Freund mehrerer Staatsmänner den sichersten Anhalt, für die preussischen aus ähnlichen Gründen Pertz. Schliesslich ist es auch in einem gleich zu behandelnden Falle gelungen, durch Textvergleichung den Verfasser eines Schriftchens zu ermitteln.

*   *   *

Schon 1809, nach der Schlacht bei Aspern, hatte die preussische Regierung bei ihren Verhandlungen mit Oesterreich von der Annexion Sachsens gesprochen [1]). Die Furcht davor beherrschte die sächsischen Staatsmänner aller Parteien während des Frühlingsfeldzuges von 1813 [2]) und trug dazu bei, die sächsische Politik in einer Bahn zu erhalten, welche sie, entgegen den Wünschen des grössten Teiles der Bevölkerung, zum offenen Kriege mit den Verbündeten führte. Die Leipziger Schlacht brachte das ganze Land nach harten Kämpfen in die Hände der Alliierten, und es ist wohl nicht zu bezweifeln, dass, wie eine spätere Flugschrift [3]) sagt, unmittelbar nach der Entscheidungsschlacht sich in Sachsen niemand gewundert hätte, wenn man den König Friedrich August alsbald des Thrones entsetzt hätte. Unter dem Eindruck dieser Lage erschien in den letzten Wochen des Jahres 1813 in Leipzig, angeblich bei

---

[1]) Treitschke a. a. O. S. 346.

[2]) Vgl. die Korrespondenz in den „Mitteilungen aus den Papieren eines sächsischen Staatsmannes (v. Zezschwitz), Camenz 1858" S. 211 ffg.)

[3]) „An die Widersacher der Vereinigung Sachsens mit Preussen" von Eichhorn.

Brockhaus, eine Schrift von 16 Seiten, „Ein Wort über das Verhältnis des sächsischen Kabinets zu den Hohen verbündeten Mächten im Frühling und Sommer 1813," welche offenbar die öffentliche Meinung in Sachsen auf die Absetzung des Königs vorbereiten sollte, wenngleich deutliche Aeusserungen darüber vermieden werden. Der kurzen Darlegung der sächsischen Politik von 1813 und des Schadens, den sie angerichtet, folgt eine Apostrophe an die Sachsen: „Seht, das ist euer König! Lässt sich wohl ein vollendeterer Verrat der deutschen Sache durch einen deutschen Fürsten gedenken?" Daran schliesst sich die Aufforderung, an dem ferneren Kampfe gegen Napoleon teilzunehmen, damit nicht „euer Ruhm sinke, wenn die Loose ohne eure Teilnahme den Gerechten fallen." Beigefügt ist die Korrespondenz, welche der König von Preussen im April mit Friedrich August wegen dessen Beitritt zur Allianz gepflogen hatte. Die Mitteilung dieser geheimen Schriftstücke lässt bereits bei allen Zeitgenossen die offizielle Herkunft der Schrift erkennen; der Erscheinungsort und die stark betonte Aufforderung zum Kriegsdienste führen auf die anfänglich von Stein geleitete Centralverwaltung in Leipzig. Eine Vergleichung der Schreibweise und der Ausdrücke endlich ergiebt eine so entschiedene Uebereinstimmung mit einer gleich zu erwähnenden Arndt'schen Schrift,[1]) dass E. M. Arndt, welcher sich bis zum Ende des Jahres im Dienste jener Verwaltung in Leipzig aufhielt und dort „fleissig pamphletierte,"[2]) mit Sicherheit als der Ver-

---

[1]) „Friedrich August, König von Sachsen, und sein Volk, im Jahre 1813. 1814." Als Beispiele der Uebereinstimmung seien genannt:

„Ein Wort" u. s. w.	„Friedrich August"
S. 5: (Der König antwortete) mit einer Kälte von Phrasen und einer Leerheit der Ausflüchte…	S. 10: (Der König) gab ausweichende, kalte und leere Antworten.
S. 6: (Der König) eilte zu Napoleons Füssen den 14. Mai zurück.	S. 24; (Der König) erschien den 14. Mai in Dresden zu Bonapartes Füssen.

(Dieser Passus ist besonders beweisend, da die Rückkehr Friedrich Augusts nach Dresden am 12. Mai 1813 stattfand, und es doch wenig wahrscheinlich ist, dass zwei verschiedene Autoren dieselbe falsche Angabe machen sollten.) Aehnliche Beispiele, ja wörtliche Uebereinstimmungen finden sich auf jeder Seite der beiden Schriftchen.

[2]) Vgl. „Meine Wanderungen und Wandlungen mit dem Reichsherrn vom Stein," S. 210).

fasser auch der vorliegenden Flugschrift bezeichnet werden darf. Es ist somit eine ergötzliche Laune des Zufalls, dass der Autor einer bald darauf erschienenen Gegenschrift: „Kosmopolitische Beleuchtung jenes Wortes über das Verhältnis des sächsischen Kabinets zu den Hohen verbündeten Mächten im Frühling und Sommer 1813, von einem wahrheitsliebenden Sachsen" (30 S.) dieselbe unter andern „ehrenvesten teutschen Männern" auch Arndt widmet! Diese Broschüre, welche anscheinend so gut wie gar keine Verbreitung fand. vielleicht weil sie von dem nunmehr in Sachsen bestehenden russischen Gouvernement unterdrückt wurde, enthält eine kurze Verteidigung der sächsischen Politik und eine Appellation an das Rechtsgefühl der Preussen; sodann beschäftigt sie sich mit Klagen über das angebliche Vordrängen des Adels bei der neuen sächsischen Rüstung. Hier wird also bereits auf die gerade von Preussen drohende Gefahr hingewiesen, zugleich aber ist der ganze Ton der Schrift ein so gedrückter, dass man sieht. der Verfasser habe an einen Erfolg der von ihm verteidigten Sache selbst nicht geglaubt. Dieselbe gedrückte Stimmung herrscht in der Schrift: „Empfindungen eines patriotisch denkenden Sachsen zur Beherzigung für seine Landsleute und für Fremde, die Urteile über Sachsen fällen. Von Adolph Freyherrn von Seckendorf Leipzig 1814. im Comptoir für Litteratur' (52 S.), deren Vorwort aus „Zingst, den 12. Februar 1814" datiert ist. Die Schrift vermeidet zwar geflissentlich jede Berührung der grossen politischen Frage wegen der Zukunft Sachsens und ergeht sich hauptsächlich in breiten Klagen über das Unglück des Vaterlandes und über die übertriebenen Anforderungen, welche ein Teil der öffentlichen Meinung an die Leistungsfähigkeit des sächsischen Volkes bei den fortdauernden Rüstungen stelle; doch lässt das mehrfach ausgesprochene Bedauern über die verblendete Politik Friedrich Augusts und das reichliche Lob, welches Vf. den Verbündeten spendet, erkennen, dass auch er mit der Wahrscheinlichkeit rechnet. dass die frühere Regierung nicht wiederkehren werde. Mit völliger Offenheit hingegen wird die Frage, und zwar zum ersten Male, behandelt in der etwa gleichzeitigen Schrift „Ueber die künftige Lage Sachsens, von einem sächsischen Patrioten geschrieben zu Anfang des Jahres 1814. Frankfurt und Leipzig" (32 S.). Der Verfasser, der „mit banger Ungewissheit in die Zukunft Sachsens blickt," behandelt kurz die verschiedenen Möglichkeiten, denen das Schicksal seines Vaterlandes ausgesetzt sein könnte, und bezeichnet darunter die ungeteilte Vereinigung mit Preussen als „den wahrscheinlichsten Fall." Diese Eventualität scheint ihm auch die vorteilhafteste für Sachsen zu sein, allerdings nur unter gewissen Bedingungen, welche im ganzen darauf hinaus-laufen, dass Sachsen auch unter Friedrich Wilhelms Szepter, fürs erste wenigstens, selbständig bleibe und dieser sich zu seinen alten Titeln noch „König von Sachsen" nenne und seine neuen Unterthanen nicht nur gleichberechtigt, sondern sogar parteiisch zu ihren Gunsten behandle; denn „der alte Unter-than hängt schon mit vielfältigen Banden an ihm, den neuen muss er durch seine Milde fesseln."

Die grossen militärischen und politischen Ereignisse in Frankreich lenkten während der nächsten Monate das öffentliche Interesse ausschliesslich auf sich. Erst nach dem Frieden von Paris (30. Mai) begann man die sächsische Frage wieder publizistisch zu behandeln und that es bald um so eifriger, als offiziell über die Absichten der Mächte noch Monate lang nichts verlautete. Nur kurz erwähnt sei aus dem Anfang Juni die Schrift „Sachsens Wiedergeburt. Ein Sendschreiben an Se. Majestät den König Friedrich August. Von M. C. F. W. Grävell. Mainz 1814" (96 S.), ein nach der Vorrede schon zu Weihnachten 1811 abgefasstes Memorandum über die inneren Zu-stände Sachsens, dessen Veröffentlichung jetzt an der Zeit schiene. Die Schrift rief die Widerlegungen: „Sendschreiben an den Herrn Hauptmann Grävell, Verfasser der Schrift: Sachsens Wiedergeburt, von einem Dresdner Sachwalter. Dresden 1814." (56 S.) und „Bemerkungen eines sächsischen Patrioten über Grävells Sendschreiben an Se. Majestät den König Friedrich August, Sachsens Wiedergeburt betreffend. Leipzig 1814" (50 S.) hervor; alle drei haben, so ergiebig sie in kulturgeschichtlicher Hinsicht und besonders für die Kenntnis des damaligen sächsischen Justiz- und Ver-waltungswesens sind, für die vorliegende Untersuchung wenig

Interesse. Um so mehr wird dasselbe gefesselt durch die ebenfalls im Sommer 1814 (angeblich bei Rein in Leipzig) erschienene, oben schon erwähnte Broschüre „Friedrich August, König von Sachsen, und sein Volk, im Jahr 1813. 1814" (70 S, einschliesslich VIII S. Vorrede und Beilagen), welche grosses Aufsehen erregte und von den Gegnern als „unverschämtes Pasquill," „pöbelhafte Schmähschrift" u. dgl. bezeichnet wird. Ihr Verfasser ist Ernst Moritz Arndt, wie aus übereinstimmenden und von ihm selbst nie bestrittenen Angaben der Zeitgenossen und der Späteren hervorgeht. Nach der Vorrede ist die Schrift bereits zu Weihnachten 1813 druckfertig gewesen, also zu der Zeit, wo Arndt in Leipzig war und das oben besprochene „Wort über das Verhältnis" u. s. w. verfasst hatte. „Friedrich August" stellt sich denn auch als eine weitere Ausführung der Gedanken dar, welche bereits in jener ersten Schrift enthalten sind. Den Hauptteil bildet die historische Darlegung. welche. wie schon in jener früheren und in den meisten späteren im preussischen Sinne geschriebene Broschüren, vor allem den Beweis zu erbringen sucht, dass ein entschlossener Beitritt Sachsens zur Sache der Verbündeten im April 1813 die Schlacht bei Grossgörschen zu deren Vorteil entschieden, den Krieg an den Rhein versetzt und die grossen Opfer des Herbstfeldzuges erspart haben würde. Zum Schluss ergeht sich Arndt in heftigen Angriffen gegen die Person des sächsischen Königs, dem er „knechtische Anhänglichkeit an den Unterdrücker der Ehre und Freiheit" vorwirft, sowie Schwäche und Trägheit. welche nur in stillen Zeiten für Tugend und konservative Gesinnung gelten konnte, in stürmischer Zeit verderblich wurde. Zumal diese Angriffe erregten gegen Arndt die Erbitterung nicht nur der sächsischen Partikularisten, sondern auch aller jener Publizisten und Politiker, welche einen derartigen Präcedenzfall in der öffentlichen Kritik der Handlungen deutscher Fürsten nicht dulden zu dürfen glaubten. Arndt hat der preussischen Sache damit einen schlechten Dienst erwiesen; besonders die später zu erwähnenden von Preussenhass glühenden bayrischen Veröffentlichungen weisen mit Vorliebe auf ihn. „der an ausschweifender Sansculotterie die rasendsten Jakobiner weit übertrifft". hin. um vor einer Regierung zu warnen. unter deren Schutze solche „halb wahnsinnige Schand-

schriften" erschienen, und haben offenbar damit bei dem kleinstaatlichen, an seinen angestammten Fürsten hängenden Publikum
den empfindlichsten Punkt getroffen. Rechnet man hinzu, wie
eifrig Arndt damals stets für eine starke österreichisch-preussische
Hegemonie in Deutschland und für die Aufhebung der neu-
errungenen Souveränität der Kleinstaaten eintrat, so findet man
es erklärlich, dass der nachmals so gefeierte Freiheitsdichter
in jener Zeit sehr vielen Deutschen ein Gegenstand bittersten
Hasses war.

Bald regten sich auch die Gegner. Es erschien „Ein
Wort über die Zukunft Sachsens und seines Königshauses. An meine Landsleute. Juni 1814." (32 S.),
eine Schrift, die sich heftig gegen die „Verbreitung abentheuerlicher
Gerüchte und boshafter Vermuthungen durch Zeitungen und Pamph-
lets" wendet, die sächsische Politik von 1813 durch die Zwangs-
lage verteidigt, in der sich König und Land befanden, und die
Gerechtigkeit der verbündeten Mächte anruft, unter denen sie
besonders England mit hohem Lob auszeichnet. Es findet sich
diese Bevorzugung auch sonst häufig und ist erklärlich bei dem
Ansehen, dessen England, die einzige in der langen Kriegszeit
nie besiegte Macht, sich damals erfreute. Die häufige Beziehung
auf England charakterisiert vor allen eine anscheinend weit verbreitete Broschüre, „Stimme teutscher Patrioten für Sachsen
und dessen König. Im August 1814. Leipzig und Gera."
(76 S.), von der eine zweite, nur im Format ein wenig ver-
änderte Auflage noch in demselben Monat, eine „dritte ver-
besserte" (50 S.) erst nach der Entscheidung, „im May 1815."
erschien. Ihr Verfasser ist nach Pölitz a. a. O., Bd. 2., S. 173.
der Hofrat Bischoff. Vom Verleger Heinsius berichtet die
Augsburger „Allgemeine Zeitung" vom 6. November 1814, er
sei, wohl aus Furcht vor Bestrafung durch das russische Gouvernement, geflüchtet. Die Schrift, welche abgesehen von der erwähnten Vorliebe für England[1]) durch eine grosse Menge von
Citaten aus lateinischen, deutschen und englischen Dichtern

---

[1]) Vf. glaubt z. B. den sächsischen König besonders zu ehren,
wenn er ihn mit „Englands silberhaarigem Biederkönig," dem bekanntlich geisteskranken und seit 1811 nicht mehr regierenden Georg III.,
in Vergleich bringt.

ausgezeichnet ist, geht von dem „Wort über das Verhältnis" u. s. w. aus, „einer Broschüre, welche als halb offiziell gelten könnte, schlüge sie nicht einen so thrasonischen Ton an", und führt die sächsische Sache in einer Anordnung, welche im Grossen und Ganzen in den späteren Schriften stets wiederkehrt und daher hier kurz angegeben sein mag. Der erste Teil behandelt die sächsische Politik von 1806 — 12 und sucht sie von dem Vorwurf der Feindseligkeit gegen Preussen zu reinigen, wie er besonders bei der Bayonner Convention von 1808 nahe lag; sodann werden die Schwierigkeiten der Lage Sachsens im Frühjahr 1813 beleuchtet, wogegen Preussen in weit günstigerer Situation gewesen sei. Ein Hauptgewicht legt Vf., wie die Späteren, auf die Neutralitätsverhandlungen Sachsens mit Oesterreich im April 1813, um den guten Willen des Königs und seine Selbständigkeit Napoleon gegenüber zu zeigen. Nach der Grossgörschener Schlacht sei dann der König weder seiner selbst, noch seines Landes mehr Herr gewesen. Hieran schliesst sich die völkerrechtliche Erörterung, ob Sachsen überhaupt ein erobertes Land sei, was Vf. verneint, da es nur gezwungen den Fahnen Napoleons gefolgt und auch in den Proklamationen der Verbündeten nie als feindlich bezeichnet worden sei. Daraus ergiebt sich dem Vf. dann, dass auch der von preussischer Seite angeführte Grund, sich für die an Russland abzutretenden polnischen Provinzen schadlos zu halten, auf Sachsen keine Anwendung haben könne; überhaupt würden derartige Prinzipien nach dem Satze: L'appetit vient en mangeant, bald auch den anderen deutschen Staaten gefährlich werden. Den Schluss bildet die Verteidigung des Königs gegen die ihm persönlich gemachten Vorwürfe; Sachsens Losung bleibe: „Gott erhalte, Gott tröste, Gott segne Friedrich August und sein Volk!" Fast denselben Gedankengang verfolgt die Schrift: „Apologie de Frédéric Auguste, Roi de Saxe. Par un sujet dévoué à Sa Majesté (Motto: Integer vitae etc.). Au mois de Septembre 1814" (24 S.). In der „Vorerinnerung" zu der später erschienenen deutschen Uebersetzung („Rechtfertigung Friedrich Augusts, König von Sachsen. Durch einen S. M. treuergebenen Unterthanen. Aus dem Französischen übersetzt und mit einigen Anmerkungen versehen von einem S. Kgl. M.

trenen Vasallen. Gedruckt Ende Octobers 1814", 44 S.)
wird diese Aehnlichkeit mit der „Stimme teutscher Patrioten"
ausdrücklich anerkannt. Die „Apologie" soll nach einer handschriftlichen Angabe vom Legationssekretär Griesinger in Wien
verfasst sein; dazu stimmt, dass sie nach Gagern („Mein Anteil
an der Politik" Bd. 2., S. 71) „Ende Oktober in einigen Exem=
plaren am Kongress verbreitet" wurde. Demgemäss fand sie bei
den späteren preussischen Publizisten (Niebuhr, Varnhagen u. a.)
lebhafte Beachtung; doch erübrigt sich eine nähere Darlegung
des Inhalts, da er sich, wie bemerkt, ziemlich genau mit dem der
„Stimme teutscher Patrioten" deckt. Es gesellt sich hierzu noch
die „Lettre à un Saxon sur la Réintégration de la Saxe
et de son Souverain. Publiée à l'occasion du Congrès
de Vienne" (52 S.; nach dem „Avant-propos de l'éditeur" „en
septembre 1814"). Ihr Verfasser ist nach handschriftlicher Angabe und nach Pölitz a. a. O. Bd. 2., S. 173 der Legationssekretär
(oder Legationsrat) Biedermann. Als Diplomaten kennzeichnet
sich hier, wie in der Apologie, der Vf. durch die vornehme
Schreibweise, jene politesse, welche alles persönliche Polemisieren
vermeidet, durch die Sorgfalt, mit der in der Schreibung der Namen
der Monarchen die Etikette gewahrt wird (grosser Druck), und durch
den Gebrauch der französischen Sprache. Für den letzteren
Umstand scheint allerdings auch die Absicht massgebend gewesen
zu sein, die Schrift im französischen Publikum zu verbreiten,
was daraus hervorgeht, dass selbst deutsche Citate mit der
Uebersetzung versehen werden. Vf. behandelt in der Form
eines Trostbriefes an einen bekümmerten Sachsen die Frage
vornehmlich aus dem Gesichtspunkte, dass der Charakter und
die oft verkündeten Prinzipien der verbündeten Regierungen
einen Rechtsbruch wie die Annexion Sachsens nicht zulassen
könnten; er appelliert abwechselnd „au noble charactère de
Frédéric Guillaume et de Son digne Ministre", „à la magnanime
Angleterre, protectrice née de tout ce qui est juste noble et
liberal", „à ce magnamine monarque (Alexander), à qui l'histoire décerne le nom de bienfaiteur du genre humain", endlich
„au caractère et à la sagesse du Meilleur des Princes du
Continent et du plus grand de ses hommes d'état" (Franz und
Metternich).

Etwa um dieselbe Zeit, also in den Wochen vor der Eröffnung des Kongresses, erschien eine Schrift, welche als ein Beispiel unehrlicher Kampfesweise besonderes Interesse erregt. Sie nennt sich „Ueber die Vereinigung Sachsens mit Preussen. Von einem preussischen Patrioten. 1814" (20 S.). Der Verfasser ist nämlich, wie alle Zeitgenossen erkennen und sofort beim Durchlesen in die Augen springt, gar kein Preusse; es ist vielmehr (nach handschriftlicher Angabe, mit welcher Pertz a. a. O. S. 187, Häusser S. 61 und Treitschke S. 640 übereinstimmen) der Göttinger Professor Georg Sartorius, der bekannte Historiker. Als „echter Vaterlandsfreund" und „wärmster Patriot" sucht Vf. das sichere Verderben nachzuweisen, welches die Annexion Sachsens für Preussen im Gefolge haben würde; er will also offenbar im preussischen Publikum selbst gegen die Politik der Regierung Stimmung machen. Alle früheren Annexionen, die von Hannover 1806, die in Polen, ja selbst die von Schlesien, sind nach dem Vf. nur Quellen des Unglücks für Preussen gewesen. Dabei fällt mancher scharfe Hieb auf die preussische Politik; selbst das Lob, welches Vf. als „preussischer Patriot" seinem angeblichen Vaterlande bisweilen spenden zu müssen glaubt, hört sich sehr ironisch an, z. B. wenn er die Polen tadelt, dass sie die „schon dem Buchstaben nach so trefflichen" preussischen Gesetze und Institutionen nicht gewürdigt haben. Völlig aus der Rolle fällt er dann, wenn er zu der natürlich besonders eingehend behandelten hannöverschen Occupation bemerkt: „Die Einverleibung war über alle Vorstellung verabscheut, und ist es noch, weil die Hannoveraner mehr durch Sitte und Milde, durch das, was sich von selbst macht, durch ständische Verfassung und liberale Maximen, als durch genaue Kontrolle, geschriebenes Gesetz, militärische Zucht, Zahlen, Formen und gemeine Plus-Macherei regiert werden." Schliesslich rät Vf. zu einem Bunde der deutschen Staaten unter Preussens Führung, aber ohne Oesterreich, welcher engen Anschluss an England und die Niederlande nehmen sollte. Dass die Schrift, deren Herkunft bald erkannt wurde, von den preussischen Schriftstellern (besonders von Niebuhr in dessen später zu erwähnenden Broschüre) die heftigsten Angriffe erlitt, braucht kaum bemerkt zu werden. Diese Polemik bildet sogar den

Haupttheil einer Flugschrift, welche sonst Titel und Ausgangspunkt von der früher genannten Arndt'schen Publikation nimmt, übrigens offenbar nur wenig Verbreitung gefunden hat. Sie heisst: „Einige Worte zu der Schrift: Friedrich August, König von Sachsen, und sein Volk im Jahre 1813. Von Karl Ludwig Horff. Leipzig und Frankfurth a. M. 1814" (56 S.). Nachdem der Vf. aus der Arndt'schen Broschüre breite Auszüge gegeben und einige eigene Ausführungen angeschlossen hat, zieht er heftig gegen den „verkappten Patrioten" los, den er einen „flachen Tropf" und „hungrigen Flachkopf" nennt, der sich am wohlsten fühle bei „frugalen (sic!) Diners zu 24 seltenen Gerichten und mit kostbaren Getränken." Ein gleich erregter Ton herrscht in der ganzen Abhandlung; Vf. kennt keine Rücksicht auf die partikular-patriotischen Gefühle der Sachsen und droht ihnen: „Wo Liebe nicht regieren kann, muss Gewalt und Furcht die Herrschaft haben."

In die Monate August und September fällt endlich noch eine Anzahl kleinerer Schriften, welche die Vereinigung Sachsens mit Preussen befürworten. Die interessanteste davon betitelt sich: „Heitere Blicke auf Sachsens Zukunft. Im August 1814" (16 S.) und ist das wirklich von einem heiteren Geiste beseelte Produkt eines braven deutschen Patrioten, der aber die Verhältnisse allzu optimistisch betrachtet. Er zeigt, wie dem Sachsenlande durch die Verbindung mit einem grösserem Staate materiell und geistig frisches Leben zugeführt werden würde, spottet über den „Pedantismus", die „kleinen partikularen Interessen", die „Krähwinkel und Schneckenhäuser", aus denen die Deutschen „doch einmal heraustreten sollen zum ungebundenen Lustwandeln in Deutschlands heiligen Hainen"; er befürwortet warm die völlige Einigung des Vaterlandes und schliesst mit den Worten: „Und fände der Rudolstädter, der Leininger, der Reusse u. s. w. auf der neuen Charte von Deutschland das Pünktchen nicht mehr, von dem er den Namen führte . . . das walte Gott!" Das merkwürdige Schriftchen, dessen Vf. leider nicht zu ermitteln ist, fand übrigens nur wenig Beachtung. Dasselbe war der Fall mit der Broschüre: „Ueber die Folgen einer Vereinigung Sachsens und Preussens sowohl für diese beiden Königreiche als für Deutschland und das

ganze Europa. Von Philaleth. Deutschland 1814" (35 S.).
Sie bekämpft die Politik Friedrich Augusts von 1806 an, be-
zichtigt ihn fortgesetzter Feindseligkeit gegen Preussen, und
leitet aus dem Satze, dass der Thron in einem civilisierten
Lande „kein Eigentum, sondern nur ein Fidei-Commiss seyn
soll" (ein Gedanke, der sich in ähnlicher Form später bei Niebuhr wiederfindet), das Recht, ja die Pflicht der Mächte ab, den
König von Sachsen, der sich dieses Fideicommisses unwert ge-
zeigt habe, abzusetzen. Hierauf folgt die Darlegung der Vorteile,
welche die Vereinigung biete für die Sachsen, deren Handel und
Verkehr dann einen weiteren Spielraum gewännen, für die übrigen
Deutschen, die ein starkes Preussen zu ihrer Sicherheit brauchten,
und für Europa, dessen Frieden auf einem kräftigen und einigen
Deutschland beruhe. Einen ähnlichen Gedankengang verfolgt
die Schrift: „Ist eine Vereinigung des Königreichs Sachsen mit dem preussischen Staate für die gesammte
teutsche Nation und besonders für die Bewohner Sachsens nützlich oder schädlich? Geschrieben im September 1814. 1814" (31 S.; nach einer gleichzeitigen Angabe
in der Arnoldischen Buchhandlung in Dresden erschienen). Sie
erblickt in der Vereinigung den „ersten Schritt" zum allgemeinen
Wiederzusammenschluss Deutschlands, welcher allein die Wieder-
kehr der Fremdherrschaft verhindern könne: „das Benehmen der
französischen Gesandtschaft auf dem Kongresse", bemerkt der
Vf. prophetisch, „wird zeigen, ob unsere Ansicht richtig ist."
Inseressant ist die Schrift jedoch deshalb, weil in ihr zum ersten
Male der konfessionelle Gesichtspunkt betont wird; sie sieht in
der Absetzung der katholischen Königsfamilie und der Stärkung
der protestantischen Vormacht ein Gegengewicht gegen die, wie
sie meint, drohende katholische Reaktion und weist auf die into-
lerant-klerikale Erziehung hin, welche man den jüngeren Gliedern
des sächsischen Königshauses zu teil werden lasse. Dass dieser
Gedanke damals auch sonst viele Gemüter in Sachsen beschäftigte,
zeigt die kleine Broschüre: „Unterthäniges Pro Memoria
an die hohen geistlichen und weltlichen Behörden des
Königreichs Sachsen. Dargereicht im Jahre 1814. 1814"
(16 S.), welche, ohne auf die rein politischen Verhältnisse einzu-
gehen, die leitenden protestantischen Kreise auffordert, den von

ihr in sehr grellen Farben geschilderten Einfluss der Jesuiten und deren „verfassungswidrige Proselytenmacherei" einzudämmen, solange dies noch (unter der provisorischen Regierung) leicht zu bewirken sei. Hierbei sei bald einer, wenn auch späteren Schrift gedacht, welche dieselbe Tendenz verfolgt: „Sachsens Vereinigung mit Preussen aus dem Gesichtspunkte des Protestantismus betrachtet von Germanus Saxo. Leipzig im November 1814" (16 S.). Der Vf., den die Gegner einen „kindisch gewordenen Alten" nennen, „der weder sächsisch noch deutsch fühlt", begrüsst die (zu jener Zeit anscheinend gesicherte) Vereinigung wegen der Ausschliessung des gefährlichen Einflusses eines katholischen Hofes und der Belebung des protestantischen Geistes, der bisher, immer auf der Wacht gegen den Hof, „allzu starr in den Formen der symbolischen Bücher befangen" gewesen sei. Derselbe „Germanus Saxo" schrieb schon früher „Ueber Sachsens Vereinigung mit Preussen. Ein Wort der Beruhigung für seine Landsleute von Germanus Saxo. Leipzig, im September 1814" (13 S.), eine Schrift, die sich nach Inhalt und Anordnung völlig den genannten Broschüren von Philaleth u. s. w. anschliesst.

*
*   *

Der Anfang Oktober 1814 endlich erfolgende Zusammentritt des Kongresses zu Wien brachte die publizistische Fehde über die sächsische Frage in einen sehr lebhaften Fluss. Es trat nunmehr das bayrische Kabinet durch einige von ihm beeinflusste Schriftsteller der preussischen Politik mit einer Reihe von heftigen Angriffen entgegen, welche natürlich eben solche Erwiderungen hervorriefen. Diese bayrisch-preussische Auseinandersetzung bildet eine deutlich begrenzte Episode für sich, welche in vieler Hinsicht als der Höhepunkt des ganzen Federkrieges um die sächsische Sache gelten kann und die öffentliche Meinung der Zeit tief erregt hat. Als Ausgangspunkt diente der halboffiziösen bayrischen Publizistik ein Artikel des „Rheinischen Merkur" in den Nummern 90—94, vom 21.—29. Juli 1814, überschrieben „Sachsens Pflicht und Recht", und vom Redakteur selbst, dem bekannten J. J. Görres, verfasst. Der Artikel, in der bilderreichen, teilweise archaisierenden Sprache und mit dem „urteutschen" Patriotismus der romantischen Schule geschrieben, nimmt von einer Zuschrift eines sächsischen Offiziers (nach einer Angabe in No. 100 des Premierlieutenants F. v. Klotz) Anlass, sich für die Vereinigung Sachsens mit Preussen auszusprechen, die aus derselben für Sachsen zu erwartenden militärischen, geistigen und kommerziellen Vorteile aufzuzählen und schliesslich einige Angriffe gegen die Person Friedrich Augusts zu richten. Der letzte Passus erregte auch hier bei den Gegnern den heftigsten Unwillen; ein Offizier der gerade in Coblenz, dem Erscheinungsorte des „Merkur", stehenden sächsischen Garde liess sich zu einem thätlichen Angriff auf Görres hinreissen[1]) und die sächsisch gesinnte Presse, voran der „Hamburgische Correspondent" (vom 28. August), bekämpfte jene Aeusserungen aufs eifrigste. Daher liess man, als von dem Görres'schen Artikel ein Sonderabdruck veranstaltet wurde, jene anstössigen persönlichen Angriffe fort, während im übrigen der Abdruck („Sachsens Pflicht und Recht. Aus dem Rheinischen Merkur Nr. 90—94. 1814" 16 S.) genau mit dem Original übereinstimmt.[2])

Doch die Schicksale des Görres'schen Aufsatzes sind noch nicht erschöpft. Die „Allgemeine Zeitung" vom 13. August 1814 bringt ohne Ursprungsangabe und ohne die gemeinsame Herkunft auszudrücken, zwei längere Stellen aus dem Artikel, von denen die eine jene im Sonderabdruck fortgelassenen persönlichen Angriffe, die andere die Aufzählung der Vorteile der Annexion für Sachsen enthält. Diese letztere Stelle ist durch Auslassungen stark verkürzt; es finden sich aber obendrein noch Veränderungen so auffallender Art, dass sie den Verdacht absichtlicher Entstellung nahe legen. Wenn z. B. in einem Satze, in welchem Görres auf den zwischen Bayern und Oesterreichern seit lange bestehenden Nationalhass Bezug nimmt, diese Beziehung sorglich ausgeschieden ist, so liegt auf der Hand, dass derjenige, der den Abdruck in der „Allgemeinen Zeitung" veranlasste, die Erinnerung an die bayrisch-österreichische Gegnerschaft vermeiden wollte. Wo Görres von dem durch die Vereinigung erleichterten „Abzug der sächsischen Kunstarbeiten" spricht, ist das letztere Wort durch „Kostbarkeiten" ersetzt. Einen Satz hat die „Allg. Ztg."

---

[1]) Vgl. Zezschwitz a. a. O. S. 369.
[2]) Ein Nachdruck kam nach einer gleichzeitigen Mitteilung in Dresden heraus.

völlig erfunden und unauffällig eingeschoben, nämlich: „Seine (Sachsens) Hauptstadt kann ebenso wie Prag fortblühen, und die geistige Betriebsamkeit kann ebenfalls durch die nähere Verbindung mit Preussen nur gewinnen." Dieser so zugestutzte Teil des Görres'schen Aufsatzes sowie ein ebenfalls in preussischem Sinne gehaltener Artikel des „Journals des Nieder- und Mittelrheins", der in der „Bayreuther Zeitung" Nr. 185 fgg. (und weiterhin in der „Allg. Ztg." vom 16.—18. August) abgedruckt war, dienen nun zum Ausgangspunkt einer Broschüre, die nach übereinstimmenden zahlreichen Nachrichten das grösste Aufsehen erregte. Sie heisst: „Sachsen und Preussen. 1814. Suum cuique" (48 S.), ist nach handschriftlicher Angabe, welche zu den späteren Erwähnungen stimmt, im Oktober erschienen und hat nach Pertz a. a. O. S. 187, Häusser S. 600 und Treitschke S. 640 den bayrischen Diplomaten Freiherrn v. Aretin, den späteren bayrischen Bundestagsgesandten, zum Verfasser. Sie erlebte trotz ihrer Unterdrückung in Sachsen, Preussen, Hamburg u. s. w. drei Auflagen (die letzte 1815), wurde in Süddeutschland und Oesterreich „mit ausserordentlicher Teilnahme" gelesen und auch am Kongress verbreitet.[1]) Vf. citiert jene beiden Aufsätze einfach aus der „Allgemeinen" und der „Bayreuther Zeitung", ohne ihren eigentlichen Ursprung anzugeben, und benutzt sie, um sich in den heftigsten Angriffen gegen Preussen und seine Absichten auf Sachsen zu ergehen. Die oben erwähnte Aenderung von „Kunstarbeiten" in „Kostbarkeiten" dient ihm zu folgender Verdächtigung: „Dass die preussischen Staatsmänner (!) schon jetzt von einem Abzug der sächsischen Kostbarkeiten sprechen, ist eben nicht geeignet, Zutrauen einzuflössen." Den vorhin citierten eingeschobenen Satz beutet Aretin folgendermassen aus: „ . . . . Dresden ist von dem Augenblicke an, wo es aufhört Residenzstadt zu seyn, ohne Rettung zu Grunde gerichtet . . . . Wie die übrigen teutschen Staaten, so hat auch Brandenburg — denn das eigentliche Preussen gehört in dieser Hinsicht noch unter die barbarischen Länder[2]) — seine Bildung

---

[1]) Gagern a. a. O. II, S. 71.
[2]) „Das Vaterland Kants, Hamanns, Herders, Hippels!" ruft Niebuhr in seiner später zu besprechenden Schrift bei dieser Stelle aus, „wahrlich ein unbezahlbarer Ausspruch!"

erst aus Sachsen erhalten." (Es erscheint somit die Vermutung gerechtfertigt, dass jener Abdruck des Görres'schen Aufsatzes in der „Allg. Ztg." mit seinen Entstellungen von den betreffenden bayrischen Kreisen eigens dazu veranlasst worden ist, um einer antipreussischen Schrift eine bequeme Handhabe zu bieten). Aber auch die unverfänglichsten Aeusserungen in den Zeitungsartikeln weiss Aretin zu gehässigen Verdächtigungen gegen die preussische Politik zu benutzen. Spricht Görres von dem militärischen Vorteile, den die Annexion durch Herstellung eines „völlig geschlossenen und gerundeten Verteidigungssystems" biete, so folgert Aretin, da „Sachsen gegen Böhmen gänzlich offen" sei (!), so müsse Preussen, um der Elbe Meister zu sein, auch den grössten Teil Böhmens an sich nehmen. Ja, er weiss zu berichten, dass Preussen dementsprechende Abtretungen in Böhmen und Mähren „von Oesterreich sehr deutlich fordere", dass es auf Hamburg, Hannover und Braunschweig Absichten habe, dass es endlich ein norddeutsches Kaisertum zu gründen beabsichtige, dessen Südgrenze von Sedan über Mainz, Ansbach, Pilsen und Olmütz nach Krakau verlaufen werde. Vf. droht der preussischen Regierung mit einer Erhebung des eigenen Volkes, welches „Gut und Blut geopfert habe nur für seine Erhaltung, nicht aber für die Vergrösserungs-Absichten eines gierigen Ministeriums, und nicht um die unglücklichen Vorzüge einer Primärmacht zu erringen"; er erklärt, man könne es bei dem Zustande des preussischen Staates, der, wenn auch nicht mehr der „scheussliche Cadaver von 1806", doch noch äusserst „gebrechlich und anarchisch" sei. „einem ausländischen biederen Volke (den Sachsen) doch nicht zumuten, an einer so jämmerlichen Zerstörung teilzunehmen"; er warnt schliesslich ganz Deutschland und Europa vor den geheimen friedenstörenden Absichten Preussens „welches die Teutschheit so hoch anrühme" und nun abermals die schwere Schuld auf sich laden wolle, „Teutschland zerrissen, die Teutschheit zerstört zu haben."

Ein solcher Angriff, welcher den ohnehin stets unter der Asche glimmenden Preussenhass in den deutschen Kleinstaaten zu hellen Flammen anfachen musste, durfte von der preussischen Regierung nicht stillschweigend hingenommen werden. Bei dem bereits bemerkbaren Zwiespalt unter den Verbündeten und der

Geringfügigkeit der materiellen Hilfsmittel, welche Preussen nach
dem schweren Kriege zu Gebote standen, war die öffentliche
Meinung ein Faktor, mit welchem man an leitender Stelle zu
rechnen hatte. Der Staatsrat J. G. Hoffmann — er wird über-
einstimmend als Vf. genannt — schrieb daher ausdrücklich zur
Widerlegung der Aretinschen Schrift: „Preussen und Sachsen.
November 1814. Berlin, bei Duncker und Humblot"
(61 S.), eine Broschüre, welche sich bei aller Wärme des preussisch-
patriotischen Gefühls durch ihren gemässigten und vornehmen
Ton gleich sehr vor dem boshaften, verleumderischen Gegner,
wie vor dem leidenschaftlichen Arndt auszeichnet. Wie treffend
zeichnet der Vf. die innerste Eigenart des preussischen Volkes,
den Kantischen Grundgedanken des preussischen Staatswesens,
wenn er sagt: „Das preussische Volk erwartet nichts von der
Gnade und Willkühr, sondern alles von dem Verdienste und
dem Rechte; und der Glaube lebt in ihm, dass die Pflicht aus
Schuldigkeit gethan werden müsse. Eine Regierung, unter welcher
diese Charakterzüge tief in der grossen Masse des Volkes wurzeln
und gedeihen können, ist keine schlechte." Eine schöne und
edle Sprache beherrscht überhaupt die ganze Schrift. Von der
erzählenden Darlegung der sächsischen Politik von 1813 aus-
gehend, betont Vf. das Eroberungsrecht, welches Sachsen in die
Hände der Verbündeten gegeben habe, und den Anspruch
Preussens auf Entschädigung für seine polnischen Provinzen,
wofür die entlegenen Rheinlande, die zu einer schwächenden
Kräfteteilung zwängen, nicht genügten. Zum ersten Male tritt
hier dieser Gesichtspunkt der Eintauschung Sachsens gegen die
früher preussischen Teile Polens, welcher bekanntlich bei den
diplomatischen Verhandlungen der leitende war, auch publizistisch
in den Vordergrund. Den letzten Teil der Schrift füllt die
Verteidigung der preussischen Regierung gegen die Angriffe
Aretins, z. B. gegen die törichte Behauptung, der Besitzer Sachsens
bedürfe zu seiner militärischen Sicherung auch eines Teiles von
Böhmen, und gegen die haltlose Unterstellung, Preussen habe
von Oesterreich Abtretungen gefordert. Die Schrift, von der
um Neujahr ein Neudruck erschien, fand begreiflicher Weise die
allgemeinste Beachtung und wurde überall als „Staatsschrift",
als der eigentlichste Ausdruck der Meinung des preussischen

Kabinets betrachtet. Wenn man im Zusammenhang damit der Ansicht war, die Schrift sei etwa gleich einer diplomatischen Note vom preussischen Ministerium durchgesehen und approbiert worden, so ging man jedoch zu weit; es laufen nämlich dem Vf. einige thatsächliche Irrtümer unter, die doch gewiss berichtigt worden wären, wenn das Manuskript etwa dem Staatskanzler vorgelegen hätte. So macht er z. B. Aretin den Vorwurf, „Allg." und „Bayreuther Ztg." zu Unrecht als preussische Stimmen citiert zu haben, weiss also nicht, dass die beiden fraglichen Artikel thatsächlich ursprünglich in Blättern preussischer Richtung gestanden haben.[1]) (Es nimmt übrigens Wunder, dass Hoffmann somit weder den „Rheinischen Merkur" noch den aus ihm veranstalteten Sonderabdruck gelesen hat). Ein fernerer Irrtum ist die Angabe, der König von Sachsen sei erst gegen Ende des Waffenstillstandes, nach Oesterreichs Beitritt zur grossen Allianz, freiwillig von Prag nach Dresden zurückgekehrt, während diese Rückkehr bekanntlich unter sehr dringenden Umständen schon am 12. Mai erfolgte. Dazu kommt noch eine unrichtige Berufung auf die Bestimmungen des Teschener Friedens von 1779. Scheinen diese Irrtümer, welche den Gegnern natürlich sehr willkommene Gelegenheit zu Spott und Gehässigkeit geboten haben, zu erweisen, dass die Hoffmannsche Schrift ihrer Entstehung nach nur eine Privatarbeit ist, so wurde sie jedenfalls nach ihrem Erscheinen von preussischer Seite eifrigst verbreitet. Um auf die damals sehr preussenfeindliche öffentliche Meinung in England und Frankreich möglichst umstimmend einzuwirken, wurden Uebersetzungen veranstaltet: „Prussia and Saxony, or an appeal to the good sense of Europe. London 1815" und „La Saxe et la Prusse et La Prusse et la Saxe, ou le véritable Suum cuique. Paris, à la librairie grecque, latine et allemande. 1815" (109 S.) Die französische Bearbeitung enthält also auch die Aretinsche Schrift: Sachsen und Preussen, und wendet sich in dem vor-

---

[1]) In diesem Sinne ist auch die Aeusserung von Pertz a. a. O. S. 187 zu berichtigen: „Das Bayersche Cabinet liess vorgeblich auf Anlass zweier in Bayerschen Blättern bekannt gemachter und mit dem Schein preussischen Ursprungs umgebener Artikel, eine durch v. Aretin abgefasste plumpe Schrift „Sachsen und Preussen" ausgehen.

gedruckten Avis gänzlich unparteiisch „au public impartial, qui jugera de quel côté est la justice, et nommera celui qui peut dire avec fondement: Suum cuique!" — aber einige notes du traducteur zu der ersten der beiden Schriften lassen deutlich erkennen, dass der Uebersetzer die Stimmung seiner Leser zu Gunsten der preussischen Sache leiten will.

„Preussen und Sachsen" rief auch seinerseits wieder eine ganze Reihe viel gelesener und zum Teil ziemlich geschickt abgefasster Erwiderungen aus dem bayrischen Lager hervor. Wenngleich dieselben alle erst im Anfang des Jahres 1815 erschienen sind, so müssen sie doch des Zusammenhanges wegen hier ihre Stelle finden. Von Aretin selbst — der Vf. nennt sich auch als den von „Sachsen und Preussen" — erschien: „Sachsen, Preussen und Europa, zur Widerlegung der Staatsschrift: Preussen und Sachsen. Fata viam inveniunt. Jänner 1815" (119 S.), eine Schrift, in welcher die Gehässigkeit gegen Preussen ganz besonders stark hervortritt. Die oben angeführte schöne Bemerkung Hoffmanns über die Eigenart des preussischen Volkes, sein Kantisches Pflichtbewusstsein, nennt Vf. „eine etwas an nonsense gränzende Phrase" und meint, solche Art sei den meisten Völkern eigen, „vornehmlich aber denjenigen, die sich am gedrücktesten fühlen." „Wenn die Preussen," heisst es weiter, „ihrer Regierung so anhänglich sind, warum lassen sie sich mehr von geheimen Ordensstatuten, als von den königlichen Gesetzen regieren?" Auch hier also die damals in Süddeutschland so weit verbreitete Meinung, in Preussen bestehe irgend ein „jakobinischer Tugendbund," der die Regierung wider ihren Willen zu revolutionären Massregeln zwinge und im letzten Grund einer europäischen Republik zustrebe. „Preussen gebe doch den unseligen Gedanken auf, als erste teutsche Macht auftreten zu wollen. Was es gegen Teutschland gethan hat, ist leider allgemein bekannt; für Teutschland hat es gar kein Verdienst." „Preussen ... ein Staat, der durch Meineid so sehr vergrössert worden, dass man ihm das Symbol des falschen Schwurs füglich in sein Wappen als Herzschild setzen könnte" u. s. w. u. s. w. Es erübrigt sich dem Gange der Schrift im einzelnen zu folgen, da sie für die Auffassung der sächsischen Frage keinerlei neue

2*

Gesichtspunkte bringt. Noch enger an „Sachsen und Preussen" schliessen sich die „Noten zum Text: Sachsen und Preussen. Mit einigen bisher noch ungedruckten Urkunden, den Baseler Frieden betreffend. Germanien 1815" (68 S.). Die Noten geben nur eine spärliche Erweiterung des sonst meist wörtlich wiedergegebenen Aretinschen Textes; der Schwerpunkt der Broschüre liegt dagegen in der gehässigen Darstellung der preussisch-französischen Verhandlungen von 1795, welche durch eine Anzahl Aktenstücke (Noten Hardenbergs an republikanische Staatsmänner) belegt wird. Die Vermutung liegt nahe, dass diese geheimen Schriftstücke dem Vf., der nach dem sonstigen Inhalt ebenfalls in den Kreisen der bayrischen Politiker zu suchen ist, von französischer Seite mitgeteilt worden sind, was bei dem guten Einverständnis, in welchem sich die französische und die bayrische Politik damals bereits wieder befanden, nicht Wunder nimmt.

Auch die seit Neujahr 1815 in München erscheinende Zeitschrift „Allemannia", die als Sprachrohr der rheinbündischen Tendenzen in Bayern noch zu behandeln sein wird, brachte in ihrem 5. und 6. Heft einen grösseren Artikel gegen die Schrift Hoffmanns, welcher im Februar 1815 in besonderem Abdruck erschien unter dem Titel: „Anmerkungen zu der Schrift: Preussen und Sachsen. Von einem Sachsen. (Aus der Allemannia besonders abgedruckt). 1815" (56 S.). Der Angabe, dass der Vf. ein Sachse sei, stellen sich bei genauerem Zusehen erhebliche Bedenken entgegen; die auffallende Vorliebe für Frankreich, die Idee eines deutschen Triasbundes, die Feindseligkeit gegen den „Norden" und manche Einzelheiten (häufige Beziehungen auf Bayern, Lob der preussischen Politik in der „ruhmvollen Epoche von 1778—1786", d. h. in der Zeit ihres Eintretens für Bayerns Selbständigkeit) scheinen eher wiederum auf einen Bayern zu deuten. Jedenfalls kämpft Vf. in ehrlicherer und sachlicherer Art als Aretin, dessen „oft bis zur Leidenschaft steigende Wärme", „Uebertreibungen und gewagte Assertionen" er ebenso tadelt wie er die „Würde und den Anstand des Styles" von Hoffmann anerkennt. Sonst aber findet sich auch bei ihm starke Verkennung der preussischen Verhältnisse und in besonders scharfer Ausprägung die entschie-

denste Ablehnung jeder Art von politischer Machtstellung für
Deutschland. „Der konstitutionelle Rechtszustand, zu welchem
sich Teutschland aus der Anarchie des 13. Jahrhunderts allmählich empor gehoben hatte, ist die wahre Grundlage unserer
eigenthümlichen Geistesbildung, unseres Nationalwerthes, den
wir allerdings selbständig behaupten, aber nicht gegen den
eitelen Ruhm eines politischen Uebergewichts, ja wohl gar mög-
licher Eroberungen und gewonnener Schlachten vertauschen
wollen. Doch ist es dieser Wahn, den man uns oft, von Norden
her, unter dem Namen: Nationalgrösse und Nationaleinheit, vor-
hält." Die eigentliche Behandlung der sächsischen Frage bean-
sprucht auch hier nicht das Hauptinteresse und schliesst sich im
ganzen dem uns schon bekannten Gedankengange an. Mehr
eigene Ideen enthält in dieser Hinsicht die letzte der Broschüren,
welche wir als unmittelbare Entgegnungen auf „Preussen und
Sachsen" zu erwähnen haben, „Rechtliche Würdigung der
Schrift: „Preussen und Sachsen. Berlin, bey Duncker
und Humblot." Januar 1815" (84 S.). Diese Broschüre, die
übrigens anscheinend gar keine Beachtung fand, erklärt von
vornherein, sich auf „die sogenannten höheren Ansichten" nicht
einzulassen, und befasst sich nur mit der Rechtsfrage. Unter
geschickter Benutzung der oben bezeichneten Irrtümer Hoffmanns
folgt der Vf. seinem Gegner auf Schritt und Tritt, um ihn vor
allem damit zu bekämpfen, dass er alle Vorwürfe, die jener
gegen das sächsische Kabinet erhoben hat, auf Preussens Haltung
von 1812 zurückgiebt und schliesst, dass z. B. Russland gegenüber beide Staaten sich ganz gleich verschuldet hätten. Zur
näheren Erläuterung dient die Beifügung der Aktenstücke zur
französisch-preussischen Allianz von 1811, wie sie der Moniteur
am 5. April 1813 veröffentlicht hatte.

Es ist hier der Ort, noch einer anderen, ziemlich umfang-
reichen Streitschrift zu gedenken. die zwar noch mehr, als die
schon genannten, auf das Gebiet der allgemeinen Polemik gegen
Preussen übergreift, aber doch von der sächsischen Verwicklung
ihren Ausgang nimmt. Es ist dies „Preussen und Teutschland. Drey Abhandlungen. I. Noten zum preussisch-
rheinischen Merkur. II. Preussens Politik. III. Appellation an das Gleichgewichts-System. Discite justitiam,

moniti, et non temnere divos. Virgil. 1814" (126 S.).
Die Schrift, welche in Preussen und Sachsen sofort confisciert
wurde, fand sonst eine ähnliche Verbreitung wie „Sachsen und
Preussen" und entstammt offenbar denselben Kreisen. Die erste
Abhandlung z. B. beschäftigt sich mit genau denselben oft erwähnten beiden Aufsätzen, wie „Sachsen und Preussen", die sie
mit noch gehässigeren Noten und Erwiderungen versieht. Die
beiden andern Teile ergehen sich in allgemeiner Polemik gegen
Preussens Vergrösserungssucht und seine nationale Propaganda,
wogegen Bayerns Rheinbunds-Politik bei jeder Gelegenheit ge-
lobt wird. Nach dem heftigen Tone, der in der ganzen Broschüre herrscht, macht zum Schluss eine Apostrophe an Friedrich
Wilhelms, „dieses edelmütigen Monarchen", Gerechtigkeitssinn
einen seltsamen Eindruck.

*   *   *

Hatte die Eröffnung des Kongresses den bayrischen Ansturm
auf Preussens sächsische Absichten und bald auf seine gesamte
Politik entfesselt, so gab sie auch der ursprünglichen Fehde
zwischen sächsischen und preussischen Schriftstellern neue Nah-
rung; die Wintermonate von 1814/15 brachten eine wahre Flut
von Streitschriften zu Tage. Nur vorübergehend sei eines Einzel-
kampfes gedacht, den zwei sächsische Staatsbeamte um die
Fehler und Vorzüge der Verfassung und der bisherigen Politik
Sachsens ausfochten. Die Schrift: „Blicke auf Sachsen,
seinen König und sein Volk und deren beyderseitiger
Verhältnis. Zur Beherzigung seiner Mitbürger von
einem Sachsen. In veritate non est injuria. German-
nien, im zweyten Jahre der Welt-Erlösung" (157 S.)
ist nach Pölitz a. a. O. 2, S. 173 „die einzige (— dies allerdings
übertrieben —) aus einer sächsischen Feder geflossene Gegenschrift", und einige verstreute Andeutungen (z. B. „Allg. Ztg."
vom 16. Januar 1815) machen es wahrscheinlich, dass der später
in preussische Dienste getretene Hofrat Ferber[1]) ihr Verfasser
ist.[2]) Die Schrift enthält in breiten, ordnungslosen Ausführungen

---

[1]) Vgl. Zezschwitz a. a. O. S. 351.

[2]) Aretin in seiner Schrift „Sachsen, Preussen und Europa" ver-
mutet Arndt als Vf., denn „das Beywort ‚elendig', das ausser Arndt
kein einziger deutscher Schriftsteller gebraucht, und dass ihn vollkommen

die verschiedenartigsten Anklagen gegen die gesamte bisherige Regierungsthätigkeit Friedrich Augusts, oft in der ironischen Form der Verteidigung gegen angeblich zu starke Vorwürfe. Vor allem hegt Vf. eine sehr gereizte Stimmung gegen den sächsischen Adel, von dem „nicht 40 vom Hundert orthographisch schreiben können"; er spricht von dem „kleinlichen Sinn, der Dreistigkeit und Schamlosigkeit, deren nur ein Sächsischer vom Adel fähig ist." Nur der Schluss beschäftigt sich mit der Vereinigung Sachsens mit Preussen, die Vf. warm befürwortet. Ein in ähnlichem Sinn gehaltener, für ein grösseres Publikum bestimmter Auszug erschien Ende Oktober unter dem Titel: Sachsens König und sein Volk. Ein Wort zu seiner Zeit. Veritas parit odium, obsequium amicos! Deutschland, im zweyten Jahre nach der Errettungsschlacht" (69 S.). Es konnte nicht fehlen, dass gerade derartige Angriffe, wie früher diejenigen Arndts, auf die Person des Königs die Erbitterung der sächsischen Partikularisten in hohem Maasse wachriefen. „Schamloses Libell", „namenlos freches Werkchen" sind die Ausdrücke, womit die „Blicke" von den Gegnern belegt werden. In der Umgebung Friedrich Augusts selbst entstand auch eine ausführliche offizielle Gegenschrift: „Akten und thatmässige Widerlegung einiger der gröbsten Unwahrheiten und Verleumdungen, welche in der Schrift: Blicke auf Sachsen, seinen König und sein Volk, enthalten sind. Die, so Gott fürchten, halten ihren Regenten in Ehren. Sirach 10, 24. Deutschland 1815" (110 S.). Ihr Verfasser ist nach Pölitz a. a. O. 1, S. 64 der Geh. Kabinetsrat Dr. Kohlschütter, welcher sich während des gezwungenen Aufenthalts seines Königs in Friedrichsfelde bei Berlin in dessen Nähe befand. Sie ist verbreitet und (nach Allg. Ztg. 1815, No. 42) viel gelesen worden, jedoch nicht in den Buchhandel gekommen.[1]) Die Schrift ist für die grosse politische Frage natürlich wenig interessant; bemerkenswert ist die

---

charakterisiert, verräth ihn nebst anderen der Wachtstube entlehnten Ausdrücken überall auch unter der tiefsten Hülle der Anonymität."

[1]) Daher wird sie von Pölitz im 3. Bande des Lüdersschen „Diplomatischen Archivs für Europa" 1823, S. 391 fgg. mit einem Vorwort nochmals abgedruckt.

Entschuldigung der sächsischen Politik von 1813: „Nur grosse Mächte können in einer solchen Lage auf den einmal gefassten Vorsätzen mit Festigkeit beharren."

Kabinetsrat Kohlschütter hatte schon früher Gelegenheit gehabt, sich an der publizistischen Fehde zu beteiligen. Veranlassung dazu gab ihm die im Oktober 1814 erschienene Schrift von Eichhorn: „Die Centralverwaltung der Verbündeten unter dem Freiherrn von Stein. Deutschland 1814" (140 S.)[1]), welche gelegentlich (S. 26 und 27) auch an dem Verhalten des Königs von Sachsen ihre scharfe Kritik ausübt. Kohlschütters (nach Pölitz a. a. O. 2. S. 173 und nach handschriftlicher Angabe) Schrift: „Hat der König von Sachsen diesem Lande entsagt? Geschrieben von einem Sachsen zu Anfange Novembers 1814. Nebst Anhange: Regierungs-Maximen Friedrichs des Zweyten, Königs von Preussen" (14 S.) bekämpft heftig jene Kritik und sucht sodann das damals umlaufende Gerücht zu widerlegen, der König habe freiwillig auf den sächsischen Thron verzichtet. Das Eroberungsrecht könne auf einen Bundesgenossen nicht angewendet werden; über einen Souverän gebe es kein Gericht; das politische Wohl des Ganzen (welches Vf. überhaupt nur bedingungsweise in die Abhandlung einführt) verlange eine Annexion Sachsens durch Preussen durchaus nicht; endlich habe der König gar kein Recht, auf den Thron zu verzichten, selbst wenn er es wollte, solange die Erbansprüche der Verwandten und die Wünsche der Nation entgegenständen. Der Anhang enthält zwei Stellen aus den Oeuvres posthumes von Friedrich dem Grossen, welche gegen Ländergier und leichtsinnige Kriegssucht gerichtet sind.

Anfang November 1814 wurde durch ein Sonderabkommen zwischen Russland und Preussen die bisher von ersterer Macht geführte Verwaltung Sachsens der letzteren übergeben. Der bisherige russische Gouverneur, Fürst Repnin, teilte dies den sächsischen Landesbehörden durch Erlass vom 27. Oktober/

---

[1]) Speziell die Thätigkeit des russischen Gouvernements in Sachsen behandelt die Schrift: „Uebersicht der Verwaltung des General-Gouvernements der hohen verbündeten Mächte im Königreich Sachsen. Dresden" (40 S.).

8. November mit [1]) und fügte, freilich ohne Autorisation der
übrigen verbündeten Mächte, die Ankündigung der bevorstehen-
den definitiven Vereinigung Sachsens mit Preussen hinzu. Dieser
letztere Passus veranlasste das Schriftchen: „Beleuchtung
eines in Dresden gegenwärtig in Abschrift circulieren-
den Schreibens, die Vereinigung Sachsens mit Preussen
betreffend. Qui tacet consentire putatur. Dresden.
Anfang November 1814. Für König und Vaterland!
allen biederen Sachsen heilig!“ (20 S.), dessen Vf. nach
handschriftlicher Angabe Professor Ilonsinger ist. Vf. stellt sich,
als ob er an die Echtheit des Schriftstückes, welches mit jenem
Repninschen Erlass identisch ist, nicht glaube; dies thun, heisse
die verbündeten Monarchen beleidigen. Doch selbst die Echtheit
angenommen, so könne von einer solchen Vereinigung nie die
Rede sein bei dem Mangel einer Verzichtleistung seitens des
Königs und der „berechtigten Eigenart der sächsischen Nationalität.“
Die Flugschrift ist nach einer Mitteilung der Allg. Ztg. (No. 344
vom 10. Dezember) von dem neuen preussischen Gouvernement
bei 50 Thaler Strafe verboten worden. Gar 100 Thaler betrug
die Strafe nach derselben Quelle bei der Schrift: „Rüge eines
groben Verbrechens an der sächsischen Nation. Sachsen,
im 20sten Leidensmonde der Jahre 1813 und 1814“ (8 S.).
Ihr Vf. ereifert sich in sehr scharfen Ausdrücken über einen
Dresdener Artikel im „Nürnberger Correspondenten“ und in der
„Leipziger Zeitung“, in der letzteren dicht hinter den Bekannt-
machungen des preussischen Gouvernements abgedruckt, worin
Friedrich August „unser chemaliger König“ genannt worden
war; er fordert die betreffenden Censurbehörden ironisch zu ent-
schiedenem Einschreiten auf. Ein drittes Flugblatt aus denselben
Tagen ist die „Offizielle Beseitigung einiger S. M. dem
Könige von Sachsen vom vormaligen General-Gouverneur Fürsten Repnin in der unterm 8. Nov. d. J. gehal-
tenen und im Druck erschienenen Abschiedsrede, gemachten Anschuldigungen“ (4 S.), als dessen Vf. eine hand-
schriftliche Angabe den Kgl. Sächs. Appellationsrat Dr. Fleck
nennt. Es handelt sich hierbei um zwei Millionen Thaler in

---

[1]) Vgl. Klübers Kongressakten Bd. 1, Heft 2, S. 6.

Staatspapieren, die der König im Oktober 1813 mit sich nach Berlin genommen und trotz einem Ansuchen Repnins, sie zur Erleichterung der Lasten der Bevölkerung herauszugeben, dort behalten hatte. Der König lässt sich in dem vorliegenden Flugblatt damit rechtfertigen, dass es ihm bei dem vernichteten Staatskredit nicht gelungen sei, auf jene Papiere eine Baaranleihe aufzunehmen, und dass daher ihre Auslieferung nur ihre völlige Entwertung zur Folge gehabt hätte.

Der eben erwähnte Repninsche Erlass brachte naturgemäss auf die Verteidiger der preussischen Ansprüche, soweit sie in die damals ja erst noch im Wachsen begriffenen diplomatischen Schwierigkeiten nicht eingeweiht waren. eine sehr ermutigende Wirkung hervor. Dies zeigt sich besonders in der Schrift: „An die Sachsen bey ihrer Vereinigung mit der preussischen Monarchie, von einem ehemaligen Staatsmanne. Göttingen, gedruckt bei Christian Herbst. 1814" (24 S.). Der Vf., welcher seiner Aussage nach viele Jahre in Sachsen gelebt hat, setzt die Vereinigung bereits als gesichert voraus und legt den Sachsen die daraus für sie entspringenden Vorteile dar. Dazu zählt er zunächst den protestantischen Glauben des Königs von Preussen, dann die Eröffnung eines neuen grossen Absatzgebietes für die sächsische Industrie und vor allem die Wohlthaten der preussischen Justizverfassung. welche er bezeichnet als „so gut, als sie die scharfsinnigsten Köpfe des Zeitalters zur Wohlfahrt der Nation haben ausdenken und ergründen können." Er schliesst mit der Versicherung, die Sachsen würden durch die Vereinigung den Neid der kleineren Nachbarn erwecken, die „ja auch hinfthro nicht mehr werden bestehen können." Mit derselben Zuversicht spricht das „Sendschreiben eines Sachsen an seine Landsleute im September 1814. Teutschland" (16 S.). in wenig veränderter Ausgabe „Sendschreiben u. s. w. mit Noten von C—i in den letzten Tagen des Jahres 1814. Teutschland" (30 S.).[1] Es hat mit dieser Schrift eine besondere Bewandtnis. Nach übereinstimmenden Angaben ist sie erst im Januar 1815 in Dresden zu

---

[1] Die Schrift ist in Klübers Akten, Bd. 7, fälschlich auf S. 235, unter den Stimmen gegen die Vereinigung citiert.

Tage getreten, und dass sie wirklich nicht im September erschienen sein kann, beweist die schon in der ersten Ausgabe enthaltene Erwähnung der Aretinschen Schrift „Sachsen und Preussen", die, wie wir sahen, im Oktober zum ersten Male herauskam. Der Zweck dieser Rückdatierung und der somit gleichzeitigen Doppelausgabe ist nicht zu ermitteln. Der Vf. der später zu behandelnden „Briefe aus Sachsens unglücklichster Periode" meint, die Schrift sei „wahrscheinlich von Arndt", eine Vermutung, die indessen jedes greifbaren Anhaltes entbehrt. Allerdings ist von sächsischem Patriotismus bei dem Vf. nichts zu merken. Er wiederholt die bekannten Anklagen gegen des Königs innere Regierungsthätigkeit und seine Politik seit 1806 und vermehrt sie noch mit allerlei gehässigen Anekdoten, wie z. B., dass Napoleon am 19. Oktober 1813 auf eine Bitte des Königs um Verhaltungsmassregeln ihn beschieden habe, „qu'il étoit assez grand garçon", um zu wissen, was er thun solle. Die Annahme, dass Arndt der Vf. sei, zeigt am besten, wie kränkend diese Schrift auf das sächsische Gefühl einwirkte.

In denselben Zusammenhang, in die Zeit unmittelbar nach dem Repninschen Erlasse, gehört eine weitere Broschüre, welche der Person ihres Vf. wegen Interesse erregt: „Deutsche Ansicht der Vereinigung Sachsens mit Preussen. Ita imperium semper ad optumum quemque a minus bono transfertur. Sallustius. Deutschland 1814" (66 S.). Sie entstammt der Feder Varnhagens von Ense nach dessen eigener Angabe.[1] Die Schrift erfreut sich bei den Späteren keiner günstigen Beurteilung; so nennt sie Treitschke a. a. O. S. 643 „oberflächlich wie alles, was dieser politische Dilettant in Staatssachen geschrieben hat, voll hohler Phrasen" u. s. w. und Pertz bezweifelt die Angabe des Vf., dass die Schrift auf Steins Wunsch und Hardenbergs Befehl erschienen sei, da man nicht glauben könne, „dass Stein es nicht verstanden, den Vf. auf die wahren Gründe und Bedingungen dieser Sache hinzuweisen und ihm oft nur die schwächsten Hülfsmittel angegeben habe." Demgegenüber ist aber darauf aufmerksam zu machen, dass ja schon der Titel des Schriftchens andeutet, Vf. wolle die Frage nur vom Standpunkte

---

[1] Vgl. Pertz a. a. O. S. 188.

des deutschen Einheitsgedankens behandeln, aber durchaus keine
erschöpfende Darlegung aller der Punkte geben, welche für die
preussischen Ansprüche anzuführen waren. Diesem Zwecke
entsprechend berührt Vf. die historische und die juristische Seite
der Frage nur vorübergehend und betrachtet die, wie er glaubt,
bereits gesicherte Vereinigung nur im Hinblick auf die künftige
deutsche Einheit. Für diese sieht Vf. die wichtigste Stütze in
Preussens „liberalen Institutionen" und schliesst daraus, dass
eine möglichst umfassende Stärkung Preussens im allgemeinen
deutschen Interesse liege und erstrebt werden müsse. Im Hinter-
grunde deutet Vf. die spätere gänzliche Verschmelzung aller
deutschen Kleinstaaten mit Preussen an. Das abfällige Urteil
Treitschkes behält allerdings insofern seine Geltung, als Vf. mit
Vorliebe unklaren philosophischen Reflexionen nachhängt und
selten zu einem greifbaren Ergebnis kommt; diese Schreibweise
ist wohl auch die Ursache, dass die Schrift von den Zeitgenossen
nur geringer Aufmerksamkeit gewürdigt wurde.

Zu Arndt, Hoffmann, Eichhorn, Varnhagen gesellte sich
nunmehr als der bedeutendste der preussischen Publizisten B. G.
Niebuhr. Er schrieb „Preussens Recht gegen den säch-
sischen Hof. Von B. G. Niebuhr. Berlin, in der Real-
schulbuchhandlung. 1814" (100 S.; nach der Vorrede im
Dezember erschienen), mit einer zweiten Auflage im Februar 1815.
Der klassische Stil, die edle Wärme des Tones, das entschiedene
Eintreten der ganzen Persönlichkeit des Vf. für die Sache
seines Vaterlandes, Vorzüge, denen in ihrer Gesamtheit nur etwa
Hoffmann in „Preussen und Sachsen" gleichkommt, machen die
Lektüre der Schrift zu einer sehr anziehenden. Die ersten Seiten
enthalten eine glänzende Abfertigung der nichtsächsischen Gegner,
Aretins und Sartorius', und ihrer unehrlichen Kampfesweise. Die
darauf folgende juristische Erläuterung gipfelt in dem Haupt-
gedanken der Schrift: Die Glieder eines grossen Volkes haben,
auch wenn dieses durch kein äusseres Band politisch geeinigt
ist, die Verpflichtung der Treue gegen die Gesamtheit; und diese
hat das Recht, abtrünnige Glieder, mögen sie auch immer souverän
heissen, nach Befinden zu bestrafen. Eine grosse Anzahl der-
artiger Vorfälle werden aus der Geschichte als Belege angeführt;
dabei geht Vf. bis auf die heiligen Kriege der Griechen zurück.

Es folgt sodann die Beleuchtung der sächsischen Politik von
1813, welche durch ihre ablehnende Haltung gegen die Alliierten
und ihren bereitwilligen Wiederanschluss an Napoleon die
Schonung verwirkt habe, die man einem „gezwungenen Bundesgenossen" etwa hätte zu Teil werden lassen. Die Vergrösserung
Preussens durch Sachsen sei für die dauernde Sicherung Deutschlands unentbehrlich; nicht der jetzt gestürzte Napoleon, sondern
ganz Frankreich sei der Feind und werde es stets bleiben. Den
kleinstaatlichen Skribenten, welche jeden kleinen politischen
Fehler Preussens hervorsuchten, um ihn an die grosse Glocke
zu hängen, erwidert er, eine aktive Macht von Preussens Bedeutung könne sich nicht immer von Fehlern frei halten; jene
„glauben sich wegen der Harmlosigkeit ihrer thatenlosen Länder-
chen im Stande der Unschuld." Ihrem Werte gemäss erregte
die Niebuhrsche Schrift überall lebhaftes Interesse und galt,
wie früher „Preussen und Sachsen", als Autorität für die preussische Auffassung der Dinge. Durchaus günstig ist das Urteil
der Späteren (Pertz, Häusser, Treitschke), welche bei ihren
kurzen Besprechungen des publizistischen Streites über Sachsen
gerade dieser Schrift die meiste Aufmerksamkeit schenken. So
entschieden diese Hochschätzung zumal für den rückschauenden
Historiker feststeht, so hat die Broschüre doch bei ihrem Erscheinen
den Hohn und die Angriffe der Gegner ebenso ertragen müssen, wie
irgend eine noch so wertlose Schrift. Die Beweisführung Nie-
buhrs ist übrigens doch nicht ganz von Schwächen frei. Er
versichert z. B., die Verbündeten hätten, wenn Sachsen sich
ihnen angeschlossen hätte, die Selbständigkeit des Landes sicher
erhalten und verteidigt („Zweifel dagegen kann nur arglistige
Tücke vorgeben"), und beweist bald darauf, dass die Vernich-
tung jener Selbständigkeit, die Vereinigung Sachsens mit Preussen,
auch ganz abgesehen von Sachsens Verschuldung, schon im allgemeinen deutschen Interesse notwendig sei. Man sieht, die
Doppelnatur der Streitfrage, ihre rechtliche und ihre rein politische Seite, konnte selbst einen so geschickten Publizisten wie
Niebuhr in Widersprüche verwickeln.

Noch stärker offenbaren sich solche Schwächen in einer
Schrift, mit welcher das offizielle Preussen seine publizistische
Thätigkeit in der sächsischen Sache beschloss; sie heisst „An

die Widersacher der Vereinigung Sachsens mit Preussen.
Frankfurt und Leipzig 1815" (96 S.) und rührt nach übereinstimmenden Angaben von Eichhorn her, den wir schon in
seiner Broschüre über die Centralverwaltung die sächsische Angelegenheit berühren sahen. Vf., den eine gute Diktion und
ein ruhiger, nie verletzender Ton charakterisieren, legt im ersten
Teil seiner Abhandlung in mustergiltiger, wenn auch natürlich
an seine Vorgänger sich anschliessender Weise die völkerrechtliche Seite der Frage dar; umsomehr sticht davon die schwächliche Behandlung des zweiten Teiles ab, worin die Vorteile der
Vereinigung für die Sachsen selbst aufgezählt werden. Vf. will
gar zu viel beweisen und setzt sich überall dem Einwurfe aus,
dass doch schliesslich die Sachsen selbst am besten wissen
müssten, was ihnen frommt. Interessant ist sein entschiedenes
Festhalten an der Idee des alten, österreichischen Kaisertums,
in welchem Preussen die zweite Macht sein soll. Seine optimistische Auffassung dieses Verhältnisses kennzeichnet am besten
der Satz: „Es ist gar nicht zu denken, dass Oesterreich und
Preussen, ohne den persönlichen Hass und Anstiftung einzelner
Gewalthaber, aus inneren Staatsgründen je in Feindschaft gerathen könnten."

Sächsischerseits sind in den Wintermonaten von 1814/15
noch eine Reihe von Schriften erschienen, welche aber sämtlich
kleineren Umfangs sind und kaum neue Gesichtspunkte bringen.
Sie fanden daher alle nur geringe Verbreitung und erregen bei
weitem nicht das Interesse wie die gleichzeitigen preussischen
und bayrischen Publikationen.[1]) Durch einen besonders extremen
Standpunkt fällt auf die Broschüre „Erinnerungen an Diensteyde und Unterthanentreue. Eine Rede an seine Mitbürger von einem Sachsen" (40 S.). Der Vf., dem der Gedanke eines gemeinsamen deutschen Nationalbewusstseins offenbar
nie in den Sinn gekommen ist, ergeht sich in bitteren Klagen
über die bedauerliche Untreue, welche einige Sachsen schon

---

[1]) Kurz erwähnt sei hier eine frühere Schrift: „Beherzigungen.
Gedruckt im Anfang des Monats September 1814" (16 S.);
sie besteht aus vier Aufsätzen, von denen einer die sächsische Sache
behandelt, indem er den oft erwähnten Artikel des „Rheinischen
Merkur" bekämpft.

1813 veranlasst habe, auf schmeichlerische Lockungen, auf
„Syrenenstimmen von Deutschheit, Selbständigkeit . . . Gerechtigkeit, Biederkeit. Wahrheit" zu hören und die französische Sache,
der sie verpflichtet waren, zu verlassen, um sich den Verbündeten
in die Arme zu werfen. Er „schaut mit trübem Blick" auf den
Uebertritt der Truppen bei Leipzig — einen Entschluss, den
sonst selbst die wärmsten Verteidiger Sachsens loben, ja sogar
für ihre Sache ausbeuten — er eifert gegen „jene pflichtver-
gessene, heuchlerische Schaar", welche der provisorischen Regierung ihre Dienste leihe, und erinnert Adel und Militär an
die (wörtlich citierten) Eide der Treue, welche sie ehedem dem
Könige geschworen. Eine uninteressante Rekapitulation der bekannten juristischen, historischen und politischen Ausführungen
zu Gunsten der Erhaltung Sachsens als Sonderstaat findet sich
in den „Beherzigungen für Weltbürger und Patrioten.
Friedland, bei Friedrich August Treu, 1815. Gedruckt
unter der Aegide der Allerhöchstversicherten Press-
freyheit" (35 S.). Ausschliesslich auf den juristischen Standpunkt stellen sich die „Rechtlichen Bemerkungen über
das Recht der Eroberung und Erwerbung im Kriege,
mit Rücksicht auf die neuesten Zeitereignisse. 1814"
(16 S.), deren Vf. nach mehreren Nachrichten der sächsische
Hof- und Justizrat Dr. Tittmann ist. Vf. untersucht mit steter
Beziehung auf bekannte Völkerrechtslehrer (Stephani, Klein,
Vattel, Meermann) zunächst theoretisch die Bedingungen, unter
welchen die Besitznahme eines eroberten Landes rechtsgiltig sei,
wenn nämlich Sicherstellung oder Schadloshaltung des Eroberers
die Besitznahme unbedingt erforderlich machen, oder wenn Re-
gent und Volk durch Vertrag derselben zustimmen. Diese Bedingungen treffen nach dem Vf. auf Sachsen nicht zu, da weder
bei seiner Ungefährlichkeit der Grund der Sicherstellung noch
bei seiner Schuldlosigkeit der der Schadloshaltung angeführt
werden könne. Ueberhaupt sei Sachsen gar nicht erobert, da
es als „gezwungener Bundesgenosse" theoretisch gar nicht Gegner
der Verbündeten gewesen sei. Die Einwilligung des Königs wie
des Volkes nun vollends fehle ganz. Den letzten Punkt für
sich führt eine Schrift aus „Wünscht das sächsische Volk
eine Regierungsveränderung? 1814" (15 S.), welche nach

handschriftlicher Angabe von dem Grafen Schulenburg-Closteroda, dem Vertreter des Königs von Sachsen am Wiener Hofe, herrührt und nach Pölitz a. a. O. II, S. 164 in Wien gedruckt und verbreitet worden ist. Sie enthält die Aufzählung aller der Schritte, Eingaben, Adressen, Petitionen und sonstigen Kundgebungen, welche aus verschiedenen Kreisen des sächsischen Volkes zu Gunsten der Wiedereinsetzung des Königs von Mai bis September 1814 hervorgegangen sind. Als eine Flugschrift ähnlicher Tendenz sei genannt: „Ruf eines Teutschen an die Sachsen. Wer da stehet, der sehe zu. dass er nicht falle! Im Januar 1815" (16 S.). Es wird vor angeblichen preussischen Versuchen gewarnt, Teile des sächsischen Volkes zu Kundgebungen für die Annexion des Landes zu verleiten, und den Sachsen mutiges Ausharren ans Herz gelegt. — In der Form von Dialogen zwischen Vertretern der beiden Parteien führen sich zwei weitere Schriftchen ein. Die eine, „Zuruf an Sachsens Patrioten. Im Dezember 1814" (38 S.) bringt in getreuer Wiedergabe die bekannten Gründe und Gegengründe vor, um schliesslich den Partikularisten, als gleichzeitig besten Deutschen, die Palme zuzuerkennen. Sie schliesst mit der Variation des bekannten preussischen Schlachtrufes von 1813: „Mit Gott für Friedrich August und Vaterland!" Nur eine besondere Seite der Frage behandeln die „Gespräche im Reiche der Lebendigen von Wahrmund. Erste Lieferung: über den Katholizismus des Königs von Sachsen. Reutlingen bey Peter Hammers Erben. 1814" (31 S.).[1] Ihr Vf. ist handschriftlicher Angabe zufolge der Hofrat Bischoff, der bereits oben als Vf. der „Stimme teutscher Patrioten" erwähnt wurde. Die Personen der Gespräche tragen schon sehr bezeichnende Namen: Superintendent Ehrmann und Apotheker Redlich, die Vertreter des sächsischen Patriotismus bei aller evangelischen Glaubenstreue, und der Pastor Dreher, „Tugendbündner" und Ritter des vom früheren russischen Gouvernement gestifteten

---

[1] Eine zweite Lieferung ist allem Anschein nach nicht erschienen. — Das der Schrift vorgedruckte Motto: „Der Nachdruck ist zuweilen nicht nur erlaubt, sondern auch dankenswert. Fr. Nicolai" scheint anzudeuten, dass sie der Nachdruck eines (vielleicht confiscierten?) Originals ist.

grünen Kreuzes, welcher vorgeblich aus Gegnerschaft gegen den
Katholizismus der Königsfamilie, in Wahrheit aber mit Rücksicht
auf persönliche Vorteile der Annexion durch Preussen geneigt
ist. Siegreich bleibt in den Disputationen stets die sächsische
Sache, indem besonders der Gegensatz der lutherischen Sachsen
zu dem reformierten preussischen Hofe betont wird: „Lutheraner
können sich mit den Calvinisten weit weniger vertragen als mit
den Catholiken."

*   *   *

Zu Anfang des Jahres 1815 war, wie wir genugsam zu
sehen Gelegenheit hatten, die öffentliche Meinung in der sächsischen
Frage noch ebenso scharf, ja vielleicht noch schärfer gespalten
als zur Zeit des Beginns des Konfliktes. Man hatte sich gegen-
seitig nichts zugestanden; der Streit hatte sich auf die verschiedensten
Gebiete ausgedehnt, und schon jetzt, nur wenige Monate nach
der siegreichen Beendigung des grossen nationalen Befreiungs-
kampfes, war die alte deutsche Zwietracht in ihrer hässlichsten
Gestalt wieder in den Vordergrund getreten. Der diplomatische
Konflikt hatte mittlerweile ebenfalls die schärfsten Gegensätze
erzeugt und schien zur Schande Europas auf eine blutige Lösung
hinzudrängen. Die allgemeine Erschöpfung und der gründliche
Ueberdruss, den nach den letzten 25 Jahren alle beteiligten
Mächte am Kriegführen empfanden, wendete diesen schlimmen
Ausgang ab und führte zu dem Endbeschluss einer Teilung
Sachsens. Schon Ende Januar gerüchtweise verbreitet, fand
diese Entscheidung im Anfang des nächsten Monats ihre offizielle
Bestätigung; sie befriedigte natürlich, wie alle derartigen Kompro-
misse, keine Partei. Zumal aus diesem Grunde kam die publi-
zistische Bewegung längere Zeit noch nicht zur Ruhe. Ein
Haupttrumpf gegen Preussen wurde noch, offenbar von bayrischer
Seite, ausgespielt durch die „Sächsischen Aktenstücke aus
der Dresdner geschriebenen Zeitung. 1815", wovon in
Zwischenräumen drei Lieferungen zu je 16 Seiten erschienen.
Sie enthalten ebensowohl den schärfsten wie auch den hinter-
listigsten Angriff gegen die preussische Politik jener Zeit, indem
sie sich nämlich zum weitaus grössten Teil als dreiste Fälschungen
herausstellen. Das unehrliche Spiel wurde freilich bald durch-
schaut und veranlasste auch offizielle Widerlegungen. Von den

Spätern erwähnt Hagen in seinem oben genannten Aufsatze (Raumers hist. Taschenbuch 1847, S. 505) die „Aktenstücke" als
grösstenteils gefälscht, doch interessant für die Beurteilung der
öffenlichen Meinung jener Zeit. Häusser a. a. O. S. 588 citiert
sie, ohne Verdacht zu äussern, als Quelle, während Treitschke
a. a. O. S. 640 in das andere Extrem verfällt, indem er die „Aktenstücke" (die er übrigens versehentlich als „Sächsische Aktenstücke
aus der Dresdner ungeschriebenen Zeitung" anführt) sämmtlich
nennt „eine Fälschung von solcher Plumpheit, dass wir heute
kaum noch begreifen, wie sie jemals gläubige Leser finden konnte",
ein Urteil, welches wir alsbald einzuschränken haben werden. Der
Herausgeber bezw. Verfasser der „Aktenstücke" bringt, um das
unbefangene Publikum um so leichter zu täuschen, Echtes und
Falsches bunt durcheinander und hat eine besondere Fertigkeit
darin, seine Fälschungen mit dem richtigen Datum, der Adresse
und Unterschrift von thatsächlich echten Schriftstücken zu versehen,
dieselben also sozusagen „nachzuverfassen". Ein Beispiel dafür
ist gleich die erste Nummer, „Adresse der sächsischen Brigaden
an den General Thielemann, 1. September 1814. gez. Lecoq.
Liebenau. Ryssel. Branse. Zezschwitz. Raabe." Eine solche
Adresse ist thatsächlich abgefasst,[1] ihr Original aber wohl
vernichtet worden. Dass der vorliegende Text gefälscht ist,
erhellt aus dem unglaublich dreisten und drohenden Tone, der
darin herrscht: hätten jene sächsischen Offiziere in ihrer Adresse
thatsächlich ihrem Vorgesetzten Thielemann vorgeworfen, dass er
„seine früheren sächsischen Verdienste durch russische Orden
verhüllt" habe, und vom Fürsten Repnin als von dem „barbarischen
Magnaten" gesprochen, „der sich General-Gouverneur von Sachsen
nennt", so hätte doch unmöglich eine so milde Behandlung des
Falles eintreten können, wie es (nach den genannten Quellen) wirklich geschehen ist. Ebenso ersichtlich ist die Fälschung des „Schreibens des General Thielemann an den russischen Minister Frhrn. zu
und vom Stein. 2. Sept. 1814", worin der angebliche Verfasser jene
Adresse mit ängstlichen Entschuldigungen an Stein übermittelt
und diesen tröstet, er hoffe „mit der mir von Gott verliehenen,
von meinem sel. Schwager, dem berühmten Reinhard noch vol-

---

[1] Vgl. Zezschwitz a. a. O. S. 370 fgg. und Pertz S. 80 fgg.

lends ausgebildeten Kanzelberedsamkeit" den bösen Geist in der
Armee bald zu beschwichtigen. Es ist klar, dass in solchen
Ausdrücken niemand von sich selbst spricht. Dagegen ist die
dritte Nummer, „Schreiben des Fürsten Repnin an den General
Thielemann. 18. Sept. 1814. Dresden" mit ziemlich grosser Wahrscheinlichkeit als echt anzunehmen, da dasselbe schon im November 1814 in den Zeitungen (z. B. „Allg. Ztg." No. 312; „Zeiten"
Novemberheft S. 299) publiziert wird. (Die „Zeiten", welche
stets für das preussisch-russische Interesse eintreten, hätten doch,
falls das Schreiben unecht gewesen wäre, gewiss eine Berichtigung erhalten und aufgenommen, was nicht der Fall ist). Dass
Fürst Repnin darin den sächsischen Offizieren, die ihn einen
„barbarischen Magnaten" genannt haben sollen, die Anerkennung
zollt, sie seien „ehrliebende und gebildete Männer", erweist
andererseits mit Sicherheit die Unechtheit der ersten Nummer.[1])
Die drei nächsten Schriftstücke beziehen sich auf einen von den
gleichzeitigen Quellen mehrfach erwähnten Versuch des Dresdener
Appellationsrates Dr. Fleck (als Publizist erwähnt oben S. 25),
eine Petition der Bürgerschaft an den Kongress um Restitution
des Königs zustande zu bringen. wofür derselbe am 11. Dezember
1814 verhaftet, jedoch bald wieder auf freien Fuss gesetzt wurde.
Die Texte, welche gleichfalls von Taktlosigkeiten, Drohungen
u. s. w. strotzen, sind offenbar gefälscht. Als siebente Nummer
erscheint eine „Note an S. E. Lord Castlereagh, ersten Staats-

---

[1]) An dieser Stelle mag anhangsweise eine Ungenauigkeit Treitschkes a. a. O. S. 732 berichtigt werden. Er sagt dort von dem in Frage
stehenden Ereignis: „Die beiden Generale, welche in der Armee mit
Recht des höchsten Ansehens genossen, Zeschau und Le Coq, waren
strenge Legitimisten und durften deshalb nicht bei den Truppen
bleiben." Zunächst liegt eine Verwechslung des Generals Zeschau
mit dem Obersten Adolph v. Zezschwitz vor; ersterer befand sich seit
der Leipziger Schlacht in der unmittelbaren Umgebung des Königs
Friedrich August, also damals zu Friedrichsfelde (Zezschwitz a. a. O.
S. 329, 333, 373), und nur von dem letzteren kann bei der Armee die
Rede sein. Ferner ist die Abberufung von Lecoq und Zezschwitz
zwar damals in Erwägung genommen, jedoch bald wieder aufgegeben
worden (vgl. Pertz und Zezschwitz, sowie zahlreiche gleichzeitige
Nachrichten). Erst am 23. Januar 1815 wurde Lecoq (nach denselben
Quellen) aus einem anderen Grunde wirklich abberufen, während
Oberst Zezschwitz dauernd bei der Armee verblieb.

Sekretär Sr. Grossbrittanischen Majestät, von dem Herzog Ernst von Sachsen-Koburg. Wien, 14. Oktober 1814", von welcher Treitschke S. 640 sagt: „Da (in den „Aktenstücken") verwendet sich Herzog Ernst von Koburg für seinen gefangenen Verwandten in einem rührenden Briefe, welchen nachweislich La Besnardière auf Talleyrands Befehl angefertigt · hat." Nach eingehender Prüfung stellt sich diese Note aber entschieden als echt heraus. Abgesehen davon, dass weder die Zeitgenossen, noch irgend einer der Späteren, die überhaupt von der Note sprechen, auch nur den leisesten Zweifel an ihrer Echtheit äussert (vgl. z. B. Häusser S. 599), dass sie Klüber in seine Kongressakten (im französischen Originaltext) aufgenommen hat (Bd. 7, S. 15) u. s. w., so entscheidet für die Echtheit der „Deutsche Regentenalmanach für 1827", welcher in der Biographie des damals noch regierenden Herzogs Ernst von Koburg (S. 343) die Note eingehend behandelt und auch einen mit dem Text der „Aktenstücke" völlig übereinstimmenden Satz daraus anführt. Die Angaben in dieser Biographie sind nach dem Vorwort „durchweg officiell" und beruhen auf den Berichten „koburger Gönner". Ueberhaupt ist es nicht denkbar, dass eine Fälschung, die die Person eines regierenden Fürsten betrifft, ohne Berichtigung sich durch so zahlreiche verbreitete Broschüren, Aktensammlungen und Geschichtswerke fortschleppen sollte. Der Irrtum Treitschkes ist übrigens leicht erklärlich. Von seiten der französischen Gesandtschaft in Wien, und zwar (nach vielen Nachrichten) gerade von La Besnardière (und Flassan) wurde ein vom 2. November datiertes Mémoire raisonné sur le sort de la Saxe et de son Souverain[1]) am Kongress verbreitet, welches mit der Note des Herzogs von Koburg in Disposition und vielen Einzelheiten — z. B. der auffallenden, sonst nie vorkommenden Anführung der völkerrechtlichen · Verhältnisse der Insel Guadeloupe — allenthalben eine grosse Uebereinstimmung zeigt. Daraus ist aber nur umgekehrt zu schliessen, dass die Franzosen jene koburgische Note, die ihnen der preussenfeindliche Herzog vielleicht selbst eingehändigt, als Vorlage benutzt haben für ihr Mémoire, welches

---

[1]) Klüber Bd. I., Heft 2, S. 11; „Zeiten" Bd. 41, S. 309; Uebersetzung in der „Allemannia" 1. Heft).

nach Flassan, histoire du congrès de Vienne S. 118 „produisit beaucoup d'effet." — In dieser Weise Echtes und halb und ganz Gefälschtes mischend, arbeitet der Herausgeber der „Aktenstücke" in den beiden anderen Lieferungen weiter. Von besonderem Interesse ist die „Adresse mehrerer preussischen Armeekorps an den preussischen Minister Fürsten von Hardenberg", unterzeichnet von York, Bülow, Kleist, Gneisenau und Massenbach (!), worin diese Offiziere die Regierung in den unverschämtesten Ausdrücken zu einem allgemeinen grossen Eroberungskriege auffordern und wieder einmal mit jenem in den Köpfen der Süddeutschen spukenden Geheimbunde drohen, der hier die „teutschen Philadelphen" genannt wird. Ebenso plump gefälscht ist der angeblich über jene Adresse ergangene „Bericht des preussischen Staatskanzlers Fürsten von Hardenberg an Se. Majestät den König von Preussen"; Hardenberg spricht darin von dem „jetzt völlig zwecklosen geheimen Orden" und warnt seinen Herrn vor dem zügellosen Militärstande, „bey welchem man unglücklicher Weise das einzige Bindungsmittel, welches ihn mit dem Staate zusammenhält, gelöst hat" (?). Eine lächerliche Fälschung ist ferner das „Schreiben des preussischen Ministers von Humboldt an den Staatsrath Niebuhr zu Berlin. Wien. 5. Februar 1815", worin Humboldt sich in einem widerwärtig frivolen Tone zum völlig morallosen Materialismus in Staats- wie in anderen Dingen bekennt, sich in allerlei Spöttereien und witzelnden Phrasen über Personen der verschiedensten Parteien ergeht und nur vor den „unruhigen Allemannen, die unseren Geheimnissen ziemlich auf der Spur sind", und vor „Bayern mit seinem eisernen Ministerium" warnt. Zwei weitere Fälschungen, „der preussische Staatsrath und Oberpolizeydirektor Kiesewetter an das Oberkonsistorium in Dresden", worin dasselbe zu einer Eingabe an die Mächte um Vereinigung Sachsens mit dem protestantischen Preussen aufgefordert wird, und die ablehnende Antwort darauf, wurden auf Veranlassung des preussischen General-Gouvernements am 22. Mai 1815 authentisch als unecht erklärt. Ueberhaupt ist der wahre Charakter dieser sogenannten „Aktenstücke" von den Einsichtigen sofort erkannt worden; trotzdem mögen sie auf die Masse des Lesepublikums die beabsichtigte Wirkung der Verhetzung gegen Preussen nicht verfehlt haben.

Denselben Zweck, Preussen nachträglich noch recht gründlich zu diskreditieren, verfolgen die „Briefe aus Sachsens unglücklichster Periode. Ein freyer Beitrag zur wahren Geschichte dieses Zeitraumes. Zum Besten der Waisen im Erzgebirge. 1815" (120 S.), nach den Daten der Vorrede im Juli 1815 erschienen. Sie geben sich als eine Reihe von Briefen eines Dresdeners an einen Freund in Prag vom Herbst 1813 bis zur Rückkehr Friedrich Augusts nach Dresden (7. Juni 1815); doch zeigt sich bald, dass diese sogenannten „Briefe" erst nachträglich, wenn auch in der Hauptsache auf Grund gleichzeitiger Notizen, verfasst sind, indem der Vf. mehrfach Schriften citiert, welche an dem Datum, den der betreffende Brief trägt, noch gar nicht erschienen waren. (Z. B. bekämpft er in einem Briefe vom 14. Juli 1814 den oben oft erwähnten Artikel des „Rheinischen Merkur", der erst vom 21. bis 29. Juli zur Veröffentlichung gelangte; er nennt unter dem 16. September die Schrift „Sachsen und Preussen", die im Oktober herauskam, u. s. w.). Sein Hauptthema ist neben der breiten Erzählung aller der angeblichen Bedrückungen, welche Russen und Preussen in Sachsen ausgeübt haben sollen, die Besprechung der ihm bekannt gewordenen Broschüren über die sächsische Sache; er zeigt dabei viel kritisches Geschick, steht aber ganz auf dem Standpunkte des unversöhnlichsten Partikularismus. Preussen ist ihm der Feind; von Frankreich spricht er mit kaum verhehltem Wohlwollen und beklagt es einmal, dass jetzt jedermann straflos gegen Napoleon schreiben und reden dürfe. Sein stärkster Widerwillen richtet sich gegen Arndt und dessen „pöbelhafte Schmähschriften"; doch kommen Niebuhr, Hoffmann u. s. w. auch nicht viel besser weg. Die „Briefe" fanden in Sachsen natürlich weite Verbreitung und grossen Beifall, wie sie denn noch von Pölitz a. a. O. 2, S. 174 lobend erwähnt werden.

Die durch Napoleons Rückkehr vollends gefestigte Einmütigkeit der grossen Mächte nötigte den König von Sachsen, seine schroff ablehnende Haltung aufzugeben und auf Grund der vereinbarten Abtretung seinen Frieden mit Preussen zu machen. Ehe er aber nach Dresden zurückkehrte, erschienen noch aus seiner Umgebung zwei Schriften, welche seine so vielfach getadelte Politik in den letzten Jahren nachträglich zu rechtfertigen

bestrebt waren. Die eine heisst: „Wie wurden wir was wir
sind? Von einem Sachsen. Im Mai 1815" (32 S.); der
Name ihres Vf. ist nach Pölitz a. a. O. 2. S. 147 fgg. Breuer.
Sie enthält eine durch diplomatische Vornehmheit des Tones
ausgezeichnete, auf zahlreiches Aktenmaterial gestützte Darstellung der Sachsen betreffenden Ereignisse und Verhandlungen,
zumal während des Kongresses. Interessant ist der Anhang,
worin auf Grund eines Briefes, den der englische Kongressge-
sandte Lord Castlereagh am 11. Oktober 1814 an Hardenberg
gerichtet und in welchem er sein Einverständnis mit der Annexion Sachsens erklärt hatte, die sonst von sächsischer Seite
stets sehr gelobte englische Politik heftige Angriffe erfährt. Die
zweite der offiziösen Rechtfertigungsschriften: „Der König von
Sachsen Friedrich August und sein Benehmen in den
neuesten Zeiten. Leipzig 1815, bei Th. Seeger" (70 S.)
ist die blosse Uebersetzung des „Exposé de la marche politique
du Roi de Saxe", einer Staatsschrift, welche nach übereinstimmenden Angaben in Friedrichsfelde vom Geheimrat Wendt entworfen,
vom Könige genehmigt und bereits im Juli 1814 den Mächten
vorgelegt wurde.[1] Sie deckt sich in ihrem wesentlichen Inhalte
mit den früher erwähnten sächsisch-offiziösen Schriften, zumal
mit der „Apologie de Frédéric Auguste." — Die am 7. Juni
erfolgte Rückkehr des Königs nach Dresden und die um dieselbe
Zeit thatsächlich durchgeführte Teilung des Königreiches ver-
anlassten noch eine Anzahl von Flugschriften, in denen die
Erbitterung der vorangegangenen Zeit allmählich einer trüben
Resignation Platz machte. Da diese Schriften naturgemäss keine
neuen Gesichtspunkte mehr bringen, überhaupt grösstenteils geringen Wertes sind, so genügt es ihre Titel anzuführen.
    „Die Sachsenfreude. Ein Wort an die Sachsen.
Leipzig, bei Th. Seeger, 1815" (31 S.).
    „Beschreibung der grossen Feier bei der Rückkehr
Sr. Königl. Majestät Friedrich August des Gerechten
mit Allerhöchster Familie in Ihre Residenz Dresden,
am 7. Juny 1815. Dresden" (96 S.).
    Herzlicher Ausdruck treuer Liebe dem Vater seines

---

[1] Sie steht in Klübers Akten Bd. 7. S. 201.

Volkes, dem frommen Könige Friedrich August dem
Gerechten ehrfurchtsvoll geweiht und am 19. Juli 1815
überreicht von M. Christ. Wilh. Hammer, Pfarrer. Leipzig und Dresden" (16 S.).

„Abschied der bleibenden Sachsen von ihren schei-
denden Brüdern. Leipzig, bey P. F. Vogel" (16 S.).

„Erwiedertes Lebewohl der abgeschiedenen an die
bleibenden Sachsen. Leipzig" (16 S.).

„Zuruf der Neupreussischen Sachsen an ihre ge-
schiedenen Landsleute, vom Dr. jur. Weidemann in Zeitz.
Leipzig 1815, bey E. F. Steinacker" (15 S.).

„Patriotische Zuschrift der Preussen an die durch
den Wiener Congress mit dem preussischen Staate ver-
einigten Sachsen. Von E. W. K. Voigt, Prediger zu Ro-
sian bei Loburg. Berlin 1815. (Maurer)" (15 S.).

„Der 23. Dezember 1814. Ein Traum. — Der 23. Dezember 1815. Kein Traum" (16 S.; der 23. Dezember ist der
Geburtstag des Königs).

Die Meuterei der sächsischen Truppen gegen ihre preussischen Vorgesetzten zu Lüttich am 2. Mai 1815 fand aus sächsischer
Feder zwei Darstellungen, in denen das Bestreben obwaltet, die
Schuld des peinlichen Vorfalls den preussischen Offizieren zuzu-
schieben. Die eine, „Kurze Darstellung der am 2. Mai
dieses Jahres zu Lüttich stattgefundenen Auflehnung
der Kgl. Sächsischen Truppen gegen die mit ihnen vor-
gehabte Teilung. 1815" (16 S.) findet sich auch unter ver-
ändertem Titel abgedruckt im „Rheinischen Merkur" vom 1. und
5. Juni 1815; der Vf. wird dort „einer der oberen sächsischen
Offiziere" genannt. Die andere heisst: „Der Aufruhr der
sächsischen Grenadiere in Lüttich, Anfangs Mai 1815.
Nach Ursachen und Wirkungen freimüthig skizzirt.
Leipzig 1815, Georg Voss" (15 S.).

*　　*　　*

Es bleibt noch übrig einen Blick auf die Stellung zu
werfen, welche die damaligen politischen Zeitungen zu der
sächsischen Frage einnahmen. Hierbei sei gleich vorweg bemerkt, dass dieselben, im Gegensatz zu den heutigen Verhält-
nissen, bei weitem nicht jene Bedeutung für die öffentliche

Meinung gehabt haben, welche der im Vorhergehenden skizzierten
Flugschriftenlitteratur zukommt. Einmal muss ihre Verbreitung
sehr gering gewesen sein, denn Zeitungsartikel, welche man aus
irgend einem Grunde weiteren Kreisen zugänglich machen wollte,
pflegte man in besonderem Abdruck als Broschüre zu verbreiten;
man begegnet in den Begleitworten zu diesen Sonderdrucken
regelmässig der Bemerkung, dass der Aufsatz zwar schon in
dem oder jenen öffentlichen Blatte gestanden habe, dass er aber
in einer Zeitschrift nicht die Verbreitung finden könne, die er
verdiene. Dazu kommt, dass nur eine relativ geringe Zahl
periodischer Schriften, und zwar fast ausschliesslich Wochen-
und Monatsblätter, wirkliche Originalartikel brachten, während
die anderen nur referierten und einzelnes aus jenen ohne eigene
Kritik abdruckten. Das jedenfalls gelesenste und an Fülle der
Nachrichten reichhaltigste aller damaligen deutschen Blätter, die
Augsburger „Allgemeine Zeitung", bringt zu der sächsischen
Frage fast nur trockene Meldungen oder Abdrucke aus anderen
Blättern, sehr selten einen kurzen Originalbericht aus Leipzig
oder Wien. Wenn also Treitschke a. a. O. S. 640 sagt, „die
Allg. Ztg. habe unter den Feinden Preussens gestanden", so ist
dies nur insofern richtig, als sie allerdings bei der Auswahl des
Abzudruckenden im ganzen die antipreussischen Stimmen bevor-
zugt; daneben findet sich jedoch auch eine ganze Anzahl von
Entlehnungen aus preussisch gesinnten Blättern.[1]) (Wegen des
speziellen Falles, wo eine absichtlich entstellte Wiedergabe eines
Artikels aus dem „Rheinischen Merkur" wahrscheinlich ist, ist
auf die frühere Darstellung (S. 14 fgg.) zu verweisen). Der
Hauptwert der Zeitung liegt in der übersichtlichen Zusammen-
stellung der verschiedensten Stimmen aus allen Teilen Deutschlands; der wichtigste Eindruck, den man aus der Lektüre ge-
winnt, ist der, dass in dem damaligen Süddeutschland der Hass
gegen Preussen den ganzen politischen Ideenkreis beherrschte,
während die Feindschaft gegen Frankreich, wenn sie überhaupt
in diesen Landstrichen je weitere Kreise ergriffen hat, sich
längst in ihr Gegenteil verkehrt hatte. Nebenbei mag noch der

---

[1]) Was Treitschkes Bemerkung S. 607 betrifft, Cotta habe „seine
Allgemeine Zeitung zur Verfügung der Hofburg gestellt", so ist daße
aus dem Inhalt des Blattes kein Beleg zu ermitteln.

bezeichnenden Thatsache gedacht sein. dass die deutschen Angelegenheiten, die sich doch damals in einer Krisis von eminentester Wichtigkeit befanden, zusammen in der „Allg. Ztg." nicht entfernt den Raum einnehmen, den England. Frankreich, die Schweiz, selbst Spanien jedes für sich erhalten. — Das eigentliche Organ der süddeutschen Polemik gegen Preussen war die Wochenschrift „Allemannia", welche seit Neujahr 1815 zu München erschien, nach mehreren Angaben vom Frhrn. v. Aretin, dem Vf. von „Sachsen und Preussen", geleitet und nebenbei von der französischen Diplomatie inspiriert. Schon früher sind die ‚Anmerkungen zu der Schrift: Preussen und Sachsen" besprochen worden, welche zuerst in Heft 5 und 6 der „Allemannia" standen und dann besonders gedruckt wurden. Aehnliche, doch meist schärfer gehaltene Artikel („Der Sachsen Wünsche" u. dgl.) finden sich noch mehrfach, auch eine „Revision der Schriften über die sächsische Angelegenheit", sowie (im 14. Heft) eine Erklärung der Redaktion über ihre politischen Anschauungen, die auf die Gründung eines selbständigen süddeutschen Bundes, einer neuen Confédération du Rhin hinauslaufen. Der am heftigsten bekämpfte und auch weitaus gefährlichste Gegner dieses recht eigentlichen „Hetzblattes" war der „Rheinische Merkur", „die fünfte unter den verbündeten Grossmächten", unbedingt das interessanteste und gediegenste Erzeugnis der damaligen Zeitungslitteratur. Er erschien unter Redaktion des bekannten Joh. Jos. v. Görres alle zwei Tage zu Coblenz. In ihm findet jene nationale Begeisterung, welche die norddeutsche Bewegung von 1813 durchdrang, fortdauernd ihren reinsten Ausdruck, in ihren Tugenden wie in ihren Schwächen. Jede Zeile des „Merkur" atmet edelste Leidenschaft für das wieder befreite Volkstum, Hass gegen die Welschen und ihre heimlichen Anhänger im Vaterlande, Enthusiasmus für ein einiges Deutschland — aber wo es sich um praktische Vorschläge. um Thaten handelt. da kommt das Blatt nicht aus doctrinären Zweifeln und Bedenken heraus. So in der sächsischen Sache. Der „Merkur" ist anfangs für die Vereinigung Sachsens mit Preussen (vgl. den früher behandelten Artikel vom 21. bis 29. Juli 1814), kann sich aber nicht mehr dafür begeistern, als na bekannt wird, dass Preussen dem Könige Friedrich August nisse Entschädigung in Land und Leuten angeboten hat, weil

dadurch der „volkstümlichste Grund (für die Annexion), die
Verwirkung der Krone durch Abtrünnigkeit, ganz vernichtet"
werde (No. 182 vom 22. Januar 1815). Noch auffallender ist
seine schwankende Haltung gegenüber der praktischen Gestaltung
des neuen Deutschlands, die hier nicht weiter erörtert werden
kann. Die weitaus meisten Artikel sind von Görres selbst,
andere von dem Sachsen Karl Müller, dem Vf. der Kalischer
Proklamation[1]) und von Arndt, den Görres einen Freund nennt,
mit dem er stets einverstanden sei. (Der betreffende Artikel in
No. 154 und 155 ist M. A. unterzeichnet und ist auch gedruckt
als „Ein Wort über teutsche Volksstämme" in Arndts „Blick
aus der Zeit auf die Zeit"). Wie verhasst der „Merkur" bei
den Bayern besonders war, zeigen die höhnenden Bezeichnungen,
die diese ihm beilegen: rheinischer Lügengott, preussischer
Götterbote u. dgl.

Von Monatsschriften, welche die preussischen Ansprüche
auf den Besitz Sachsens verfochten, sind drei zu nennen, voran
„Die Zeiten, oder Archiv für die neueste Staatenge-
schichte und Politik, herausgegeben von Voss, Professor zu Halle" (in Leipzig erschienen). Voss, der früher
(1807) sehr für Napoleon geschwärmt hatte und wegen seines
Gesinnungswechsels nunmehr manchen Spott ertragen musste,
beschäftigt sich sehr angelegentlich mit der sächsischen Sache.
Im Dezemberheft von 1814 finden sich „Reflexionen eines Un-
befangenen bey der Lesung der Protestation des Königs von
Sachsen gegen eine angeblich intendierte provisorische preussische
Besitznahme dieses Landes" (die Protestation vom 4. November,
bei Klüber I. 2. Heft), worin das freie Verfügungsrecht der Verbündeten über Sachsen betont wird. Das Juniheft von 1815
bringt „Ein beherzigenswertes Wort über die Vorwürfe von
Wortbrüchigkeit und Vergrösserungssucht, die Preussen hin und
wieder gemacht werden (eingesandt aus Sachsen)", eine kurze
Apologie der preussischen Politik, zumal in der sächsischen
Sache. Interessant ist das Septemberheft, welches unter der
Ueberschrift: „Ein seltenes Beyspiel sträflichen Pressmissbrauchs,
in den sogenannten „sächsischen Aktenstücken" " die oben er-

---

[1]) Vgl. Varnhagen von Ense, „Karl Müllers Leben und kleine
Schriften."

wähnten „Aktenstücke" behandelt und die Unechtheit einiger Nummern daraus feststellt. An der Stelle nun, wo der angebliche Bericht Hardenbergs an den König (vgl. oben) erörtert wird, erscheinen hinter den Worten: „Wo sind denn andere Beweise, dass, seitdem der Fürst Hardenberg es leitet, es so leicht ist, Aktenstücke aus . . ." 12 Seiten gänzlich leer, womit der Schluss des Aufsatzes wegfällt. Es ist ersichtlich, dass die Leipziger Censur, damals (im September 1815) ja schon wieder in den Händen der sächsischen Regierung, den betreffenden Passus, nachdem er schon gesetzt war, unterdrückt hat. — Die „Nemesis, Zeitschrift für Politik und Geschichte, herausgegeben von Luden, Weimar", später in der Zeit der Burschenschaftsbewegung als demagogisch bekannt, stand in der sächsischen Frage auf preussischer Seite, wenngleich die Redaktion mit ihrer Meinung sehr zurückhielt. Im 1. Heft des 4. Bandes (Januar 1815) findet sich ein Aufsatz „Ueber die Zer= stückelung Sachsens", der auch in einem besonderen Druck („Ueber die Zerstückelung Sachsens. Worte der Beruhigung an seine Mitbürger von einem teutschen Patrioten in Sachsen. Geschrieben Mitte Januar 1815. Aus der Nemesis IV. Bds. 1. Stück besonders abgedruckt. Weimar 1815" (32 S.)) erschien. Er zählt die militärischen, politischen und wirthschaftlichen Nachteile auf, die eine Teilung des Königreiches für Sachsen selbst und für Deutschland im Gefolge haben würde; er entscheidet sich zwar nicht offen darüber, in welcher Form Sachsens Integrität erhalten bleiben solle, giebt aber zu verstehen, dass er für die Gesammteinverleibung in Preussen ist. Ein zweiter Aufsatz desselben Heftes, „Die Theilung Sachsens", ist schon unter dem Eindruck der inzwischen ruchbar gewordenen Entscheidung geschrieben; er beklagt dieselbe, die nur „den Franzosen, den ehrenwerthen Herren von der Opposition in England und den Schreiern in Süddeutschland, die nicht reinen Herzens sind", gefallen könne. In Berlin endlich erschienen seit Neujahr 1815 „Freimüthige Blätter für Deutsche in Beziehung auf Krieg, Politik und Staatswirthschaft", welche in ihren ersten Heften mehrere kleinere Aufsätze zu Gunsten der Vereinigung Sachsens mit Preussen bringen und weiterhin vielfach gegen die „Allemannia" polemisieren.

Die ganze Menge der übrigen Zeitungen bringt, wie schon angedeutet, sehr selten etwas Originales und ist für den vorliegenden Zweck von geringem Interesse. Für die preussischen Ansprüche waren, abgesehen von den damals recht unbedeutenden Berliner Blättern, das „Journal des Mittel- und Niederrhoins" in Düsseldorf, der „Deutsche Beobachter (Hanseatische Zeitung)" in Hamburg (im Februar 1815 vom dortigen Senat unterdrückt nach „Allg. Ztg." No. 61) und in Sachsen selbst die „Leipziger Zeitung", das Organ der Leipziger Kaufleute, welche von einer Vereinigung des Landes mit Preussen kommerzielle Vorteile erhofften. Doch wusste sich die Zeitung rechtzeitig wieder in die Loyalität gegen den rückkehrenden Friedrich August hineinzufinden. Aufseiten der Gegner Preussens stand in Norddeutschland der „Hamburgische Correspondent", welcher eifrig an der Polemik gegen den „Rheinischen Merkur" teilnahm (vgl. oben S. 14); in Süddeutschland waren natürlich fast alle Blätter preussenfeindlich, wenn auch in sehr verschiedenem Grade. Zu erwähnen sind etwa die „Bayreuther" und die „Bamberger Zeitung", die auch äusserlich noch französisch gebliebene „Gazette de Francfort" und der von Gentz geleitete „Oesterreichische Beobachter" in Wien.

Interessant ist schliesslich ein Blick auf die Stellung der englischen und französischen Presse zu der sächsischen Frage. In England waren die Whigblätter, voran die „Times", entsprechend der Haltung ihrer Partei im Parlamente, entschieden gegen Preussen, während die toristischen Organe, z. B. der „Courier", alle Schwankungen der Regierung mitmachten und schliesslich ebenfalls auf dem preussenfeindlichen Standpunkte ankamen. Dass aber die Franzosen allesamt von vornherein jede Stärkung Preussens und jede Einschränkung der deutschen Kleinstaaterei bekämpften, ist selbstverständlich. Ihre Presse masste sich dabei, gleichwie ihre Diplomatie, in erstaunlich kurzer Zeit nach der grossen Niederlage, bereits wieder den ersten Rang in Europa an, und in der That gilt im Herbst 1814 der „Moniteur" z. B. den meisten deutschen Blättern wieder als erste Autorität. Er belehrte denn auch im Stile des gestürzten Imperators mit gönnerhafter Miene die Deutschen über ihr wahres Wohl, und die „Quotidienne" proklamierte immer

wieder den Beruf Frankreichs, der Beschützer der Schwachen und
unschuldig Unterdrückten zu sein. Als dann die völlige Einverleibung Sachsens in Preussen wirklich hintertrieben war,
priesen dies die Pariser Blätter als „den ersten Sieg der neuen
französischen Diplomatie" und hätten nun wohl erst recht ihre
Stimme in den innerdeutschen Angelegenheiten ertönen lassen,
wenn nicht die Rückkehr Napoleons sie im eigenen Lande beschäftigt hätte.

* * *

Der ganze Streit um die sächsische Frage, wie er in der
soeben skizzierten Publizistik seinen Ausdruck findet, stellt sich
im Grunde als eine Phase in dem uralten Kampfe zwischen der
deutschen Einheitsidee und dem Partikularismus dar. Wenn
auch die preussische Politik, indem sie die Einverleibung Sachsens
anstrebte, zunächst nur an die eigene Sicherung und Kräftigung
dachte, so waren sich doch Anhänger wie Gegner sofort be-
wusst, dass diese Einverleibung, wenn sie zustande käme, einen
entscheidenden Schritt zur Verwirklichung des deutschen Einheitsgedankens in sich schliessen würde. Nicht sowohl die
Stärkung des aufstrebenden, zukunftreichen preussischen Staates
als der moralische Eindruck der Beseitigung eines souveränen
deutschen Fürstengeschlechts musste dem Fortbestande der
übrigen Mittel- und Kleinstaaten unbedingt gefährlich werden.
Gegen die Annexion der Rheinlande durch Preussen erhob sich
keinerlei Opposition, da die Wiederherstellung der längst über-
lebten geistlichen und kleinfürstlichen Herrschaften in niemandes
Interesse lag: waren doch die nunmehrigen Mittelstaaten gerade
durch die Mediatisierung solcher Herrschaften zu ihrer so schnell
und leicht errungenen Bedeutung gelangt. Aber Sachsen, dessen
jetzige Stellung genau auf demselben Grunde, der Gunst Napoleons, ruhte als die der übrigen Rheinbundsglieder, durfte von
letzteren nicht fallen gelassen werden, wenn sie sich nicht selbst
den Boden unter den Füssen wegziehen wollten. Daher das
leidenschaftliche, kein Kampfmittel scheuende Eintreten der Süddeutschen für Sachsens Erhaltung. Die Sympathieen dieser Politiker gelten nach wie vor Frankreich, welches ihren Fürsten
Landesvergrösserung, Kriegsruhm, Königskronen und Souveränität
gebracht hatte, die deutschnationale Bewegung des Nordens ist

ihnen mit verschwindend geringen Ausnahmen (Anselm von Feuerbach) völlig fremd geblieben. In Sachsen selbst war natürlich die grosse Masse des Volkes, die mit eifersüchtiger Zähigkeit an der neuerworbenen Souveränität festhielt, der Vereinigung mit Preussen abhold; immer wieder wird betont, dass Sachsen eine europäische Macht gleich Preussen sei, dass es über einen König keinen Richter gebe. Dazu kam die freilich berechtigte Furcht vor der preussischen Zucht und Strammheit in Justiz und Verwaltungswesen, die mit den Jahrhunderte alten bequemen Gewohnheiten schonungslos aufzuräumen drohte. Nur einige Grossindustrielle und Kaufleute, unzufriedene Beamte und unduldsame Geistliche, denen der katholische Hof ein Dorn im Auge war, liessen sich für die Vereinigung mit Preussen vernehmen. Somit hatte die preussische Publizistik einen schweren Stand. Sie erfreute sich freilich einiger berufener Vertreter und hatte an dem moralischen Eindruck der Erhebung von 1813 einen mächtigen Rückhalt, aber die Gegner waren meist geneigt, die mannigfachen sei es wirklichen oder eingebildeten Missgriffe der preussischen Politik in den Jahren 1795—1806 in Erinnerung zu bringen und die Erfolge von 1813 mehr den Russen, Oesterreichern, ja Engländern und Schweden zum Verdienst anzurechnen. So endete die Fehde auf publizistischem Gebiet ebenso unentschieden wie auf diplomatischem, wo ein ähnliches Gleichgewicht der Gegensätze zuletzt den Kompromissbeschluss der Teilung Sachsens herbeiführte.

Autorenverzeichnis.

Druck von Ehrhardt Karras, Halle a. S.